/100位

为新中国成立作出突出贡献的英雄模范人物/

杨闇公

春 明/编著

★

吉林出版集团 | 吉林文史出版社

图书在版编目（CIP）数据

杨闇公 / 春明编著. -- 长春：吉林文史出版社，
2011.4（2024.5重印）
（100位为新中国成立作出突出贡献的英雄模范人物）
ISBN 978-7-5472-0550-1

Ⅰ．①杨… Ⅱ．①春… Ⅲ．①杨闇公（1898～1927）—
生平事迹 Ⅳ．①K827=6

中国版本图书馆CIP数据核字(2011)第050723号

杨闇公

YANGANGONG

编著/ 春明

选题策划/ 王尔立　责任编辑/ 王尔立
装帧设计/ 韩璘
出版发行/ 吉林文史出版社
地址/ 长春市福祉大路5788号　邮编/ 130118
电话/ 0431-81629363　传真/ 0431-86037589
印刷/ 天津海德伟业印务有限公司
版次/ 2011年4月第1版 2024年5月第7次印刷
开本/ 640mm×920mm　1/16
印张/ 9　字数/ 100千
书号/ ISBN 978-7-5472-0550-1
定价/ 29.80元

《100位为新中国成立作出突出贡献的英雄模范人物》丛书

★★★★★

编 委 会

/ 100 位

为新中国成立作出突出贡献的英雄模范人物 /

八女投江	于化虎	小叶丹	马本斋	马立训	方志敏
毛泽民	毛泽覃	王尔琢	王尽美	王克勤	王若飞
邓萍	邓中夏	邓恩铭	韦拔群	冯平	卢德铭
叶挺	叶成焕	左权	诺尔曼·白求恩		任常伦
关向应	刘老庄连	刘伯坚	刘志丹	刘胡兰	吉鸿昌
向警予	寻淮洲	戎冠秀	朱瑞	江上青	江竹筠
许继慎	阮啸仙	何叔衡	佟麟阁	吴运铎	吴焕先
张太雷	张自忠	张学良	张思德	旷继勋	李白
李林	李大钊	李公朴	李兆麟	李硕勋	杨殷
杨子荣	杨开慧	杨虎城	杨靖宇	杨闇公	萧楚女
苏兆征	邹韬奋	陈延年	陈树湘	陈嘉庚	陈潭秋
冼星海	周文雍、陈铁军夫妇		周逸群	明德英	林祥谦
罗亦农	罗忠毅	罗炳辉	郑律成	恽代英	段德昌
贺英	赵一曼	赵世炎	赵尚志	赵博生	赵登禹
闻一多	埃德加·斯诺	夏明翰		格里戈里·库里申科	
狼牙山五壮士		聂耳	郭俊卿	钱壮飞	黄公略
彭湃	彭雪枫	董存瑞	董振堂	谢子长	鲁迅
蔡和森	戴安澜	瞿秋白			

前言

每个人的心中都多少有一点英雄情结，都向往英雄、景仰英雄。也正因此，在中华人民共和国建国六十周年之际，由中央十一部委联合组织开展的"100位为新中国成立作出突出贡献的英雄模范人物和100位新中国成立以来感动中国人物"的评选活动中，群众参与投票总数近一亿。这其中的每一张选票，都表达了人们对英雄模范的崇敬之情，寄托着对伟大祖国的美好祝福。

一个民族不能没有英雄，否则这个民族就不会强大。当国家危难之时，懦弱者选择了逃避、妥协甚至投降，英雄们却挺身而出，用热血捍卫民族的尊严，人民的幸福。在创立和建设新中国的伟大历程中，涌现出无数可歌可泣的英雄模范人物。他们之中，有为了民族独立和人民解放而英勇牺牲的革命先烈，有为了党和人民的事业而不懈奋斗的优秀共产党员，有在全民族抗战中顽强奋战、为国捐躯的爱国将士，有英勇杀敌的战斗英雄和革命群众，有积极从事进步活动的著名民主爱国人士和国际友人……他们是民族的脊梁、祖国的骄傲，是激励全体人民团结奋斗的精神力量。

《100位为新中国成立作出突出贡献的英雄模范人物传记》丛书，就像一部星光璀璨的英雄谱，真实、完整地记录了英雄模范人物不平凡的一生，再现了他们非凡的人格魅力和精神世界。"头颅可断腹可剖"的铁血将军杨靖宇，"毫不利己，专门利人"的白求恩，"抗战军人之魂"张自忠，"砍头不要紧"的夏明翰，"俯首甘为孺子牛"的文化斗士鲁迅……一串串闪光的名字，一个个动人的故事，犹如群星闪烁，光耀中华。

如今，战火已熄，硝烟已散，英雄已逝，我们沐浴在和平的幸福之中。在和平年代，人们不会忘记为今日的和平浴血奋战的英雄们，英雄的故事永远不会结束。让我们用英雄的故事唤醒我们心中的激情，为中华民族的伟大复兴而奋斗。

生平简介

　　杨闇公（1898-1927），男，汉族，四川省潼南县（今属重庆市）人，中共党员。

　　杨闇公 1917 年东渡日本学习军事。五四运动爆发后，积极参加留日中国学生和华侨举行的集会和请愿示威，被日本警视厅以所谓"违反治安罪"判刑八个月。1920 年秋回国。1922 年加入中国社会主义青年团。1924 年秋任中国社会主义青年团重庆地方执行委员会组织部长。同年冬加入中国共产党。1926 年 2 月底，中共重庆地方委员会成立，被选为书记。他领导重庆地方党组织，一方面大力发展工农运动，一方面把注意力集中于军事斗争。同年 11 月，中共重庆地方军事委员会成立，任书记。12 月上旬，他参与策动驻泸州、顺庆的川军举行起义，有力地支持了北伐战争。1927 年 3 月 31 日，在他与同志们的组织领导下，重庆市群众在打枪坝集会，抗议英、美帝国主义军舰炮轰南京城的罪行。四川军阀刘湘派军警镇压，酿成重庆"三·三一惨案"。惨案发生之后，他受到敌人的追捕。4 月 4 日，在赴武汉的"亚东"轮船上被捕。反动派对他威逼利诱和残酷折磨，但他大义凛然，宁死不屈。敌人以死威胁："难道你不怕死吗？"他回答道："你们只能砍下我的头，可绝不能丝毫动摇我的信仰。我的头可断，志不可夺！"4 月 6 日在重庆遇害，年仅 29 岁。

1898-1927
[YANGANGONG]

◄ 杨闇公

目 录 MULU

人生如马掌铁（代序）

　　"人生如马掌铁，磨灭方休！"多么具有英雄气魄的一句话，多么铿锵有力的十个字！喊出这句话的人，正是在巴渝大地上被广为传颂的杨闇公，他不朽的精神在时代前进中广为弘扬。他是中国共产主义运动的先驱、我党早期军事工作的优秀领导人，四川、重庆早期中国共产党组织的主要创建者和杰出领导人。

　　杨闇公出身豪门，但他不贪图享乐，视封建家族为樊笼。15岁时独自离家为革命赴汤蹈火，五次历险，万死不辞，直至为革命奉献出自己的生命。杨闇公短暂的一生，辉煌壮烈，犹如不断升腾的烈焰。

　　1927年，是一个血雨腥风的年代，多少革命英烈在这一年把生命还给了大地！浓烈的血腥味在时隔八十多年以后，依然呛鼻。

　　你也是在那一年，站在肃杀如地狱的重庆浮图关监牢里。

　　严刑拷打使你鲜血淋淋浑身上下无一处完整，但你依旧站得挺直，像四川的山，像山顶上的青松。

　　"说吧，要死还是要活，这可是最后的机会了！"屠夫们提着血淋淋的屠刀，嘶吼着，声音扭曲，面容狰狞。

　　只要叛离共产党，只要交出党组织名单，就可以活命，就可以飞黄腾达，青云直上。

　　你无限轻蔑地看着这些可怜人，哈哈大笑，厉声说道："我头可断，志不可夺！"面对冰冷的枪与刺刀，你振臂高呼："打倒帝国主义！打倒军阀！中国共产党万岁！"

刽子手丧心病狂地割去了你的舌头。但是你还有手，你戳指他们的心，指着懦夫们纸糊的内心，懦弱！自私！残忍！你们这些胆小鬼！你发不出声音，可空中分明有无惧的声音回响："来吧，还有什么招数，都通通来吧！"于是乎，他们只能又砍断了你的手，他们只能用暴行来掩饰惊恐。剧痛中你双目怒视，那眼神是两团烈焰，你要烧毁这个人间的地狱。他们又凶狠地挖去了你的双眼，当一个浑身是血的人从血泊中摇摇晃晃地站起来时，面对血肉之躯所蕴藏的钢铁意志，他们真的被吓坏了，唯一可以做的，就是向那个如塔的血人射出罪恶的子弹。

人生如马掌铁，磨灭方休。你是这样说的，也是这样做的。既然走的是一条追寻光明的路，就要和黑暗作殊死的搏斗，割舌、剜目、砍手，也不能阻止你不屈的抗争，战斗不息，直至生命的最后一刻。你将短暂而伟大的一生献给了共产主义事业，你为这个壮丽的事业，流尽了最后一滴血。

你倒下去了，深深被震撼的大地，悲怆地接纳了一个29岁的青春生命。

你倒下去的时候，一颗明星从空中升了起来，它照亮了这个如墨的世界，以马掌铁之魂在浩瀚宇宙中熠熠生辉！

寻求真理

(1898−1920)

→ 双江杨门

★★★★★

波涛汹涌的涪江自西而下，作为四川盆地主要水系之一，它上游连接川北的绵阳、平武等地，下达合川和长江边的重庆。江面上来来往往的船舶，把蓬溪和遂宁的盐巴，潼南的稻谷、土布运往重庆，换回来的是外国人带来的洋花布、洋油和洋火（火柴），在往来的贸易中，双江镇是必经的要道。

位于四川潼南县的双江镇，在涪江之滨，离县城约十公里，周围青山绿水环绕，其中猴溪和浮溪在这里环绕交汇，共同流入涪江，双江镇因此得名。

△ 杨闇公故居

因为交通便利，早在清朝初年，这里就已经建场，每逢农历三六九日，附近的百姓便纷纷前来赶场，全镇三百多家商铺，主要分布在六条街上：中街最长，是贸易中心，南来北往的货物在这里交易；西街可以称是"工业区"，有油房、酒坊、票房等手工作坊；东街比较短，是屠宰店的聚集地；北街濒临猴溪，以禹王宫为中心，除了经营盐巴、油饼等比较大的商号外，还有一批地主宅院；南街和附近的兴隆街，靠近涪江码头，遍布着大小客栈，船工的窝棚和水运货物的堆场都在这一带，附近一条偏僻的老猪巷内，是赌场、烟馆和寻花问柳的场所。小镇山清水秀，经济繁荣，水陆交通发达，甚至有"小重庆"之称。

双江镇又叫杨家场，居民中姓杨的多，所以村名因大姓人家之姓而得。这些居民的先辈大多是来自外省的移民。杨闇公的家是镇上最大的家族，共有二百来户，占了双江镇总人口的一半。1898年3月10日，也就是清光绪二十四年农历二月十八日，杨闇公就出生在重庆市潼南县双江镇的一个封建大家庭中。

目前，双江镇上最具代表性、保存最完好的两处宅院都是杨家的：一处是杨闇公父亲的；一处是杨闇公堂叔杨守鲁的。杨守鲁的家宅现称田坝大院，位于古镇入口处，规模最为宏大。此宅建于光绪年间，至今保存完好，因杨守鲁的父亲曾捐过一个二品顶戴，所以宅院可以建成气派的七大开间，前后三进，建筑面积有两千六百多平方米。宅子是四合院格局，每进边上均有小四合院供用人居住及做其他杂用，每进都有天井、栏杆、回廊、花台，屋脊塑有各类代表吉祥如意的飞禽走兽。庭院蜿蜒幽深，花木繁茂，整体设计气派精巧，足见当时杨家之家世兴旺。

杨世绥是杨闇公的曾祖父。杨世绥为人精明能干，眼光独特，颇有头脑。在姬家坝，别人抢种熟地，他却雇人大量开垦荒地，凭借涪江水利和两岸适宜农耕的自然条件，将荒芜贫瘠的土地开垦成为土质肥沃的良田，若干年后，杨世绥居然拥有土地五千多亩。与此同时，他又结交官府，赢得了向外销售官盐的专利权，成了远近闻名的"杨三泰"大盐号的老板，从此声名显赫起来。不久，杨

▽ 双江邮政大院

世绥迁出姬家坝,在沿江右岸的双江镇大兴土木,营造宅第。姬家坝和双江镇隔水相望,原来都属于蓬溪县,直到民国初,潼南县才分立出来单独设辖。

杨世绥发迹后,一方面大量购买田地。在双江购置田产两万余亩,建造豪宅大院。杨世绥有七个儿子,号称杨氏七大房,这些豪宅大院就是供这七房子孙享用。

早在清末开办邮政时,杨闇公的家族作为潼南县双江镇首富,官府将双江邮务委托给设在杨闇公家堂口上的杨氏盐号"杨三泰"代办,每月津贴白银五两。杨闇公的祖父杨传鼎是幺房,因其为人忠厚老实,加之属幺房,族中分家时,便将这份穷差事推到了他家名下,从此人们便称他家为"邮政局"。

另一方面杨世绥大力对子女进行教育投资。他不惜重金送子女读书,七个儿子几乎都聘有家塾教师。同时,他又肆力与文人学士、达官显贵联姻,让长孙杨宣熙娶了当时安岳籍礼部侍郎王炳瀛之女。这不仅对杨氏家族进一步致富发迹和提高社会地位起到了积极作用,而且也把外面的新文化和新思想引进了当时较闭塞的双江镇。

在庞大的双江杨氏家族中,大部分人都饱读诗书。随着眼界的开阔和新思潮的影响,即使同一血脉的杨家子弟信仰也完全不同。随着杨世绥的去世，大家庭的解体，逐渐分化出的思想和势力差别也显现出来：一种继承了旧式封建大家族的衣钵，死守旧的传统道德，在内部互相倾轧，勾心斗角，争财夺利，沉醉于腐朽糜烂的寄生生活，他们凭借着祖上的财大势旺，霸公产，办团练，镇压农民起义，成为一方豪强；另一种则受新文化和新思想的影响，透过自己旧式家庭，更加认清了旧社会的没落和腐败本质，他们要求"进新学，增知识，广见闻"，反抗黑暗的旧社会，强烈追求光明的新生活。这两种思想和势力，在同一家族不可避免地常有冲突发生，后来愈演愈烈甚至发展到水火不容的地步，杨闇公的祖父一系便是后者的代表。

杨闇公的祖父杨传鼎生了两个儿子，杨闇公的父亲杨淮清居长，名宣永，字淮清。杨淮清自幼娴熟经史，没有参加过科举考试，但捐了一个"蓝绍候选巡检"的职衔。杨淮清虽然是地主中的"守成派"，常常告诫子女要守本分，但极富有爱国思想，开明民主，为人厚道。

在门第高耸的双江杨氏家族里，杨淮清只是个"耕读经商"均不误的富庶之家，还算不上是双江首富。然而，深谙医道的老中医杨淮清知道，要改变这"祸乱相寻"、军阀混战的苦难时代，唯有让子女读书求学，走工业救国的道路。怀着这种初衷，杨淮清把祖父"耕续传家远，诗书继世长"作为治家和教子的良方。

女孩子要粗通文墨，至少要学会记账，男孩子书读得越多越好。杨闇公的大哥杨剑秋、二哥杨衡石和杨闇公本人都曾涉洋过海到日本求学。到了民国初年，杨家的经济状况开始走下坡路。留学的费用，连同杨家子女庞大的嫁娶费用，使每年的租谷收入入不敷出，杨淮清便典卖土地，供子女求学。在杨闇公父亲的开明思想引导下，杨氏兄妹都接受了较好的正规教育，大多走上了革命道路。大哥杨尚荃、二哥杨尚麟、五弟杨尚昆、十一弟杨白冰、六弟杨尚仑、大妹杨义君、九妹杨白琳都是共产党员，很早就参加了革命。

→ 叛逆的少年

★★★★★

（0-15 岁）

1840 年鸦片战争之后，中国封建社会便开始了半殖民地化的过程。帝国主义和封建主义勾结起来，越来越残酷地压迫劳苦大众，激起了中国人民不断地奋起反抗。太平天国运动、义和团运动，一代又一代的仁人志士和人民群众为救亡图存和实现中华民族的伟大复兴而英勇奋斗、艰苦探索。其间，太平天国运动、义和团运动，都给予帝国主义和清王朝以沉重打击，而到 1911 年伟大的辛亥革命爆发，更是导致了清王朝的倾覆。

辛亥革命是中国人民为救亡图存、振

△ 清军与英国侵略军在海面上激战

兴中华而奋起革命的一个里程碑。它建立了
中国历史上第一个资产阶级共和政府，使中
国发生了历史性的巨变，中国人的思想也由此
而获得了一次巨大的解放。从此敢有帝制自
为者，天下共击之的民主主义观念深入人心。
以孙中山为代表的中国民主革命的先驱者在
中国近代历史上留下了光辉的一页。

　　但是，辛亥革命并没有完成反帝反封建
的历史任务，帝国主义及其走狗封建军阀依
然压在中国人民头上。它只是赶跑了一个皇

帝，中国仍旧在帝国主义和封建主义的压迫之下，反帝反封建的革命任务并没有完成。

这是一个集苦难、动荡、屈辱、灾难、变革于一体的年代。

这是一个充满了痛苦和绝望的世界。

杨闇公的少年时代，就是在中国人民不断反抗帝国主义和封建主义的斗争中度过的。

在社会大动荡的过程中，杨氏封建家族的新一代中，有人开始转向对新的时代新思想的追求。杨闇公的大哥杨剑秋于清光绪年间就东渡在日本中央大学学习，并投身革命参加了孙中山领导的同盟会。二哥杨衡石亦受进步思想影响去成都进了铁道学校。堂兄杨宝民也在 1906 年加入同盟会，并于 1911 年 3 月参加了著名的黄花岗起义，失败后又去湖南与程潜等组织湘桂联军，又在长沙掀起起义的浪潮。此外，族中还有人去法国留学。这些积极求学或从事革命活动的年轻人，常在家书中谈到天下大势和救国救民之道，并常寄回一些传播新思想的书刊，这使杨闇公在少年时就受到了很多新思潮的影响。

杨闇公少年时代被家里安排随塾师吴仲儒学习。虽然是旧式的私塾先生，也用"四书"、"五经"作为主要课本，

△ 杨闇公全家福

但吴仲儒却喜欢谈"太平天国"、"义和团"、"白莲教"、"水泊梁山"等英雄故事。对于少年时代的杨闇公说来，后者描述激情澎湃，江湖大义的斗争故事当然是更具有吸引力。在国家民族迭遭危难、内忧外患频仍的情况下，这对于杨闇公早年形成对旧社会的叛逆性格有一定影响。杨阁公的父亲杨淮清也爱好读书，经常对儿女们说古道今，称颂岳飞、文天祥等民族英雄的气节。老师和父亲的教育使杨闇公在少年时代便培养起了正义感、爱国思想和倔强好动的性格，他不愿受封建礼教羁绊，爱打抱不平，爱同穷苦人家的孩子玩耍，这在当时等级森严的社会中已是不同寻常。可能是听了太多的英雄故事，杨闇公身材偏瘦个子不高，但却喜欢武术功夫，常常缠着族中雇请的武术教师教他舞枪弄捧，骑马射箭。

随着年龄的增长，杨闇公对处在危难中的国家和民族的前途，越来越关心。这时，双江镇福音堂学校里来了一位名叫杜焕堂的教师，年纪二十多岁，性情开朗耿直，喜欢讨论时事，在课堂上也经常问学生们对一些时局的看法，也爱打抱不平，学生被人欺负了或有个什么事，总爱帮着出头。因此这样一个不安分子，不久就在镇上出了名。

杨闇公平时对洋人就很反感，根本不愿到福音堂去。由于对杜焕堂的仰慕和好奇，他也特地到学校去了。听杜焕堂讲课，并请他指导作文。杜焕堂出的第一个作文题是"制治于未乱，保邦于来危"，意思是要杨闇公写出一篇论述时事的文章。解释题意后，杨闇公并没有急于动笔，而是低头看着题目若有所思地想了半天，最后说："我的看法则不然，国家没有动乱，能治理好，这不算啥，要是能把一个乱极了的国家治理好，才算有真本事，国家没有危险，能保卫它,也算不了啥,要是能把一个危亡的国家挽救过来,转危为安,那才算有真本事。"

杨闇公的这个另类的见解,给杜焕堂留下了很深的印象,杜焕堂看着眼前的杨闇公不仅啧啧称奇。不久,杜焕堂又一次出题给杨闇公作文,这次的题目是"业精于勤而荒于嬉,行成于思而毁于随"。和上次一样杨闇公没有因循守旧,而是陈述出自己的见解,"这个题上句很好,下句应改动两个字,即'行成于勇而毁于庸'。没有勇气,苟且偷生,得过且过,庸庸碌碌,就成不了事。我要从'勇'字上去做文章。"

对于杨闇公的批判精神和独到的见解,杜焕堂听后便更加赞赏,从此对杨闇公也分外器重。

杨家是当地名门望族,加之杨闇公从小就过继给无后的叔父,因此杨闇公一人就占了一房的大量家产。但从小受到天赋人权等旧民主主义思想影响的杨闇公,对不平等的旧社会十分不满,不愿靠先人遗产在家里坐享其成,不愿在这个腐化的封建高塔里做一个迂腐的孝子贤孙。这个时期,少年杨闇公已深深感到了周围的空气令人窒息,他整晚整晚地思考,渴望投身于广阔的世界中去"进新学,增知识,广见闻",寻求探索救国救民的真理。为此他做了种种努力,央求家人让他出去闯荡,但违背封建家族意愿的他却被家族族长绑到祠堂打了板子。受了皮肉之苦的杨闇公并没有放弃心中的理想，斗志在叛逆少年的心里越来越强烈，他月月想，日日盼，渴望冲出这个封建家族的藩篱，投身到革命的浪潮中去。

➡ 冲出藩篱

★★★★★

（15—17岁）

就在少年杨闇公望穿秋水的热切期盼中，机会终于来了。

1913年7月，李烈钧响应孙中山发动"二次革命"的决定，在江西湖口宣布独立，兴兵讨伐袁世凯，华东各省和湖南、四川先后响应。袁世凯派兵镇压，于是发生了"赣宁之役"。这些消息由报纸传送到

◁ 李烈钧

了双江镇,杨闇公得知后无比兴奋。与此同时,杨闇公又得知堂兄杨宝民正在江西讨伐窃国大盗袁世凯的军队中任总参议,这让他觉得有了投奔的对象,心里也有了底。

思前想后,杨闇公认为想堂堂正正地走出家门投奔革命是不可能了,心想不如离家出走,反正我是去找堂哥的,以后再回来也能交代。

下定了决心,杨闇公收拾好自己的行囊,在一个天还未亮的清晨悄悄地走出了家门。

少年回头望了望在晨雾中屹立的院门，觉得自己像得到了自由的雏鹰终于可以飞翔了。

昏暗中的街景依稀可见，这些古老的时间旧物在身后飞速地后退，少年不关心这些，心里呐喊着：

去江西！去革命！去救国！

在这个看似平常的日子里，命运的车轮终于开启了。

15岁的杨闇公站在船上，看着两岸的风景只觉得豪情万丈，意气风发，他经重庆乘船东下，直奔江西！

可惜天有不测风云，杨闇公人还未抵达宜昌码头就听说了"赣宁之役"失败的消息。不能按预定计划去江西了，但杨闇公并没有因此而失望，天大地大，反正出来了就不准备回去了。而且不久前从日本留学归国的大哥杨剑秋此时正在上海，杨闇公心想去上海与大哥会晤也不错。正巧这时，杨宝民也因起义失败避居上海法租界，以行医为掩护，继续从事反袁活动。杨闇公终于在上海见到了杨宝民，他按捺不住心中埋藏已久的愿望，见到堂兄便对他说："我是来革命的！"

杨宝民觉得这个小堂弟颇有才干和胆识，便介绍他加入了国民党（不久改组为中华革命党）。不久，杨闇公又向杨宝民提出了参加实际革命工作的要求。杨宝民考虑到杨阎公尚未成年，需要继续学习，就与杨剑秋商量，决定让他先进江苏都督冯国璋在南京开办的军官教导团学习，等学成之后再为革命效力。杨阎公觉得自己也应该先多学些军事知识对以后有帮助，欣然同意了。于是，杨宝民又请托江苏都督冯国璋、军官教导团少将教官彭维翰，保介杨阎公进入教导团学习。

杨阎公进入南京的军官教导团学习后，与富于革命热情的同学肖某意气相投，过从甚密，成了好朋友。

为了准备进行反对袁世凯的军事活动，

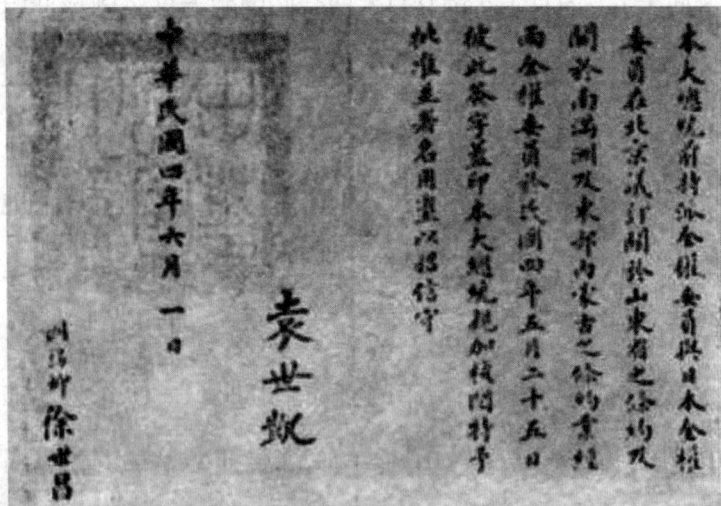

△ 袁世凯与日本签订"二十一条"的批准书

杨闇公经常周末到上海去，向杨宝民打听反袁武装起义准备情况。1915年5月，袁世凯屈从日本帝国主义，签订了卖国的"二十一条"，阴谋复辟，消息一出，舆论大哗，顿时一番讨袁浪潮席卷全国。

这年，中华革命党在新加坡召开"南洋会议"，杨宝民要去参加。临行前，他在上海的寓所与杨闇公商定，等反袁起义军打到长江流域后，由杨闇公联络军官学校教导团中有革命思想的青年军官组织响应，来个里应外合。

眼看着自己就要组织有生以来的第一个起义了，杨闇公越听越兴奋，决心一定完成这个任务。

杨宝民离沪后，杨闇公仍留在上海，一方面，与住在杨宝民寓所的国民党人赵锡昌联系（赵锡昌是云南南屏人，杨剑秋留日的同学，他早年曾参加同盟会，当时负有秘密工作使命）打探消息。另一方面，为了准备反袁军事行动，在上海积极筹集和运送军火。有一次，行动不慎被巡捕察觉，18岁的他机智勇敢，穿弄堂，越屋顶，终于躲过了追捕。

1915年12月，袁世凯公开复辟帝制，蔡锷在云南首先宣布独立，组织护国军，发兵讨袁。杨宝民奉命参加护国军，担任财政厅厅长兼民政厅厅长。这时，与杨闇公交好的肖某也被调往江阴炮台任要塞司令。看时机已成熟，1916

年杨闇公便赶赴江阴炮台，策动官兵举行反袁起义。可惜，因事机不密，起义很快遭到失败。杨闇公和肖某遭北洋军阀部队疯狂围捕，幸亏在江边遇到一条渔船躲藏起来，这才化险为夷。起义失败了，杨闇公与肖某商量过后，只得逃亡上海。

→ # 留学日本

★★★★★

（19—21岁）

曾经杨闇公想用他少年的热血去护卫共和的旗帜，在江苏军官教导团加入了国民党（不久改组为中华革命党），策动江阴炮台官兵的起义。可是，现实再一次告诉他，在中国，民国的招牌和个人的奋斗于事无补，杨闇公思考走出国门，或许才能找到救国的真理。

1917 年，杨闇公的二哥杨衡石在日本明治大学学习法政，杨闇公与他联系后，决定去日本继续学习。

1917 年，杨闇公来到了日本，他先是在成城学校补习日语。1918 年又入日本士官学校攻读军事。即使远在东洋，杨闇公的救国热忱依然没有一丝一毫的冷却，他利用课余时间参与组织"留日同学读书会"，并开始接触马克思主义的著作。谁知，日本警视厅以读书会未经学校当局许可为借口，将读书会强行解散。杨闇公非常不服，挺身而出据理力争，不想反遭拘留，他仍然斗争，几天后被释放。正如毛泽东说过的："那时，求进步的中国人，只要是西方的新道理，什么书也看。"获释后，经过了几天的牢狱生活，杨闇公追求真理的意志更加坚定，他开始阅读《资本论》、《社会主义精髓》等宣传社会主义思潮和马克思主义的书刊，初步认识到一些关于社会主义和马克思主义的道理。

这时"阿芙乐尔"号巡洋舰上的炮声终于响了。随着俄国十月社会主义革命的胜利和欧洲无产阶级革命运动的高涨，社会主义思潮在日本兴起，马克思主义也逐渐传播开来。《资本论》的博大精深和十月革命的召唤，使杨闇公终于顿悟：也许只有社会主义才是中国唯一的出路！

1919 年国内爆发五四爱国运动的消息传到日本，杨闇

公欣喜万分，为声援国内五四运动，远在日本的他连忙组织和参加留日中国学生和华侨的声援集会和游行。杨闇公连夜奔走，四处联络。当时，中国公使馆留学生监督江庸、监督署职员杨绍娟都是杨闇公的戚族。江庸见杨闇公在爱国活动中十分活跃，便嘱咐杨绍娟转告杨闇公，要他看在亲戚份上，设法缓和学生的活动。杨闇公却嗤之以鼻不予理会。

他们在中国驻日公使馆前请愿，抗议"巴

黎和会"。当日本宪兵队的马队向请愿示威队伍冲闯，日本警察挥舞棍棒毒打中国留学生和爱国华侨时，杨闇公怒不可遏，奋不顾身救护被殴打的同胞，并与日本宪警进行搏斗。东京警视厅遂以违反治安罪将其逮捕，判处八个月徒刑。这是杨闇公在日本第二次身陷囹圄。1920年，杨闇公出狱后被迫回国。

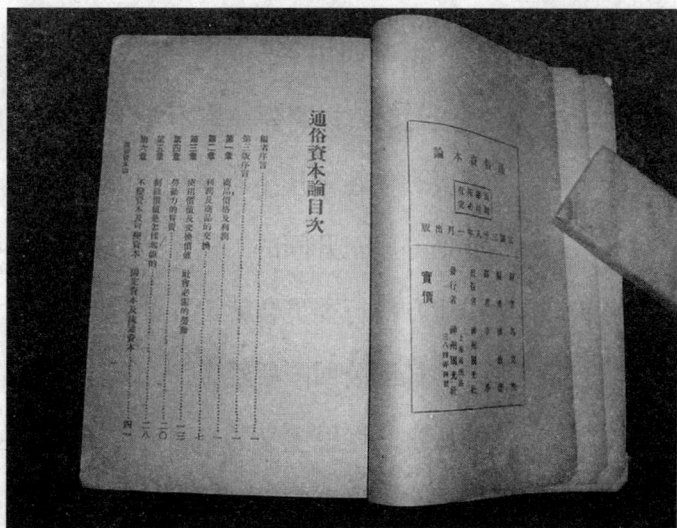

△ 《资本论》一书

→ 五弟尚昆

★★★★★

（13—29岁）

　　由于四川军阀连年混战，靖国军攻打成都时，杨闇公一家不得不由双江迁到重庆。住在重庆下半城的二府衙街 19 号。这是一座三开间的二层楼房，后来中共四川地方执行委员会就设在此地。

　　杨闇公回国后经上海回到了重庆，继续从事马克思主义的启蒙宣传活动。在家里，杨闇公同样积极宣传革命思想。后来，共产党在处于白色恐怖的地下状态的条件下，生活在充满昂扬正气的家庭中的杨家兄妹中仍有六人义无反顾地参加了共产党，杨闇公的引导对杨氏兄妹的成长无疑起着重要的推动作用。

杨闇公虽然自幼过继给叔父却与同父异母的五弟杨尚昆最为亲近。而杨尚昆也十分喜爱这位四哥。因为四哥杨闇公生性活泼、勇敢，且知识丰富，尤其是他那精彩的革命故事深深地吸引着年幼的杨尚昆。

"嬉戏敲棋兄作伴，挑灯问字母为师。"杨尚昆母亲邱氏的这首闲诗，就是对杨尚昆童年生活的真实写照。杨闇公比杨尚昆年长九岁，兄弟俩在一起时，杨闇公常常给五弟尚昆讲太平天国、义和团、梁山泊英雄和白莲教起义等故事。有时，杨闇公也讲自己的斗争故事，这一切使小尚昆心胸震撼，每次听四哥的故事都使他激动不已。

为反抗帝国主义、封建主义，在重庆杨闇公积极宣传革命思想，动员家里的姐妹剪头发，放小脚。杨闇公带着五弟尚昆一起在亲友中偷偷搜缴烟枪，搜取女人的裹脚布，并毫不留情地都烧了。这使双江小镇爆出奇闻，引发了一场大乱:这边的烟鬼们丢了烟枪，烟瘾大发时在地上大叫乱滚;那里的妇女们因丢了裹脚布而无法缠足下地出门……

杨尚昆 6 岁入蒙馆，起初是在家中读私塾，启蒙先生吴仲儒教他《百家姓》、《千字文》。后入重庆私立泰邑小学

就读。学校设在一个仓库里，三四十个学生只有一名教师，课程有三门：国文、算术和格致（科学常识）。杨闇公看杨尚昆天资聪颖，勤奋好学，就鼓励他考入成都高等师范学校附小。

这所师范学校是当时四川的最高学府，本科学制四年，另设附属小学，入学要经过考试。杨尚昆在泰邑小学学的课程不完备，只好在高师的附小补习一年，第二年才进入本科。校长是吴玉章，教师当中有恽代英、张锡畴等共产党人和进步人士，老师们在课堂上常宣传进步思想、反对宗法主义。校园弥漫着清新、活泼的空气。学生们在这美丽幽静的校园里如饥似渴地学习书本知识的同时，幼小而淳朴的心田也自然而然地受到了革命思想的滋润。1921年至1925年，杨尚昆在成都高师读书期间，通过四哥杨闇公的引荐，参加了进步团体学生励进会，结识了一些革命青年，如甲种工业学校的学生廖恩波（后曾任中共四川省委书记），初步接触到马克思主义学说。在此期间，杨闇公还介绍杨尚昆阅读《共产党宣言》《劳农政府》和《新青年》、《中国青年》等进步书刊，开始接受马克思主义的启蒙教育。

在外为革命奔波的杨闇公非常关心五弟杨尚昆的成长，经常写信给他，并教育他认清腐败的半封建半殖民地社会。关于四哥杨闇公对自己早年投身革命的影响，杨尚昆回忆说："他不仅指导我读书，还帮助我正确认识自己出身的阶级和旧家庭。……这类见解，他常在信里告诉我，启发我认清腐败的封建家庭和半殖民地半封建的社会……正是在四哥春雨润物般的关怀启发下，我渐渐地接受革命思想，背弃了原来出身的阶级，投身到无产阶级解放事业中来。"

杨闇公的惊世名言：

"我是旧社会的叛徒，是新社会的催生者！"

"人生如马掌铁，磨灭方休。"

便是在与尚昆的信中写出的。

四哥杨闇公铿锵有力的肺腑之言，给杨尚昆留下了终身难忘的印象。

1924年，杨闇公在日记中对与五弟杨尚昆的往来信函有多处记载。

如6月9日日记写道："接五弟一信，论吾族的毛病，很得大要，足见他的思想，已日渐趋于本道矣。心甚喜！立复一函与他……"

9月2日日记写道："五弟有一信至，说得天真烂漫的，令人可爱极了！"

9月7日，杨闇公在成都收到五弟杨尚昆来信后记载其"述近状很详，他的思想已变了"。

9月26日日记写道："与五弟等一信，指示他进行的方略，读书的捷径，对于主义研究所得的，全数告他，免他再走歧途，并略谈家事。"

1925年夏，18岁的杨尚昆从成都高等师范学校毕业，不久回到重庆，并在杨闇公的指导下阅读了《共产主义ABC》和《新社会观》两本书，同时还被杨闇公引荐参加了一些革命活动。同年10月，杨尚昆也加入共青团，1926年

▷ 青年杨尚昆

春正式转入中国共产党。1926年夏，在杨闇公的建议下，杨尚昆离渝去沪，进入实际上由共产党领导创办的上海大学。当时杨闇公在重庆朝天门码头亲自送别杨尚昆。

进入上海大学后，杨尚昆就读于社会科学系，并与四哥杨闇公保持通信联系。杨尚昆持党组织的介绍信，见到了罗亦农（中共浙江区委书记），被编入学校党支部。他牢记四哥的嘱咐，以"四川同学会"在几个大学的同乡中开展工作，上街散发宣传品，甚至参

△ 杨尚昆在莫斯科中山大学留影

加了上海工人第一次武装起义。1926年11月初，中共重庆地委决定派杨尚昆去莫斯科中山大学学习。1926年底，他到达莫斯科，进入中山大学就读。

1927年4月6日，正在莫斯科中山大学学习的杨尚昆意外得知了四哥杨闇公壮烈牺牲的消息。听闻噩耗，杨尚昆只觉晴天霹雳，"痛彻肺腑，多夜不能入眠"，一想起四哥的牺牲是多么惨烈，杨尚昆几度失声痛哭。冷静下来的杨尚昆决定遵照四哥的嘱咐，化悲痛为力量，听从党的教导，努力学习革命理论，为革命事业赴汤蹈火，不成功不罢休! 在杨闇公牺牲后的日子里，杨尚昆对自己的这位革命兄长一直深深怀念，并终身以杨闇公精神和嘱托鼓舞自己的革命斗志。

事隔七十多年后，杨尚昆每每回忆起他的四哥仍然热泪不止："我至今还清楚地记得，四哥亲自送我赴上海时的情景：5月初的一天，他陪我来到朝天门码头，踏着长长的石级，走到长江边……临开船时，四哥紧握着我的

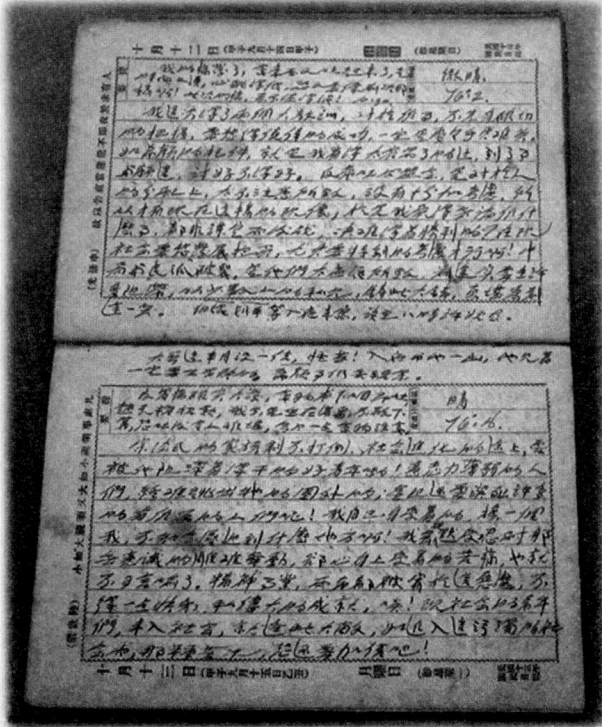

手，一再叮嘱我要听从党的教导，好好学习革命理论……谁能想到，相隔还不到一年，1927年3月，风云突变，四川军阀刘湘在重庆制造了三·三一惨案，屠杀革命群众，竟用割舌、挖眼和断手那样极端残忍的手段杀害了四哥。我们在江轮上的握别，便成了永诀！"

革命先驱

(1921—1926)

结交革命战友

　　1920年杨闇公从日本带回了社会主义理论，他又目睹了名为共和，实为专制，"祸乱相寻，民穷财尽"的半殖民地的中国，愤怒地在日记中表达了他对旧民主主义的批判。他说：

　　"这一般幸运儿的伟人们，足足闹了十二年，仍然是没有具体的办法；表现在我们眼前的政绩——祸乱相寻，民穷财尽。""名共和而实专制的中国，到了今天，也是痛苦极了，国内各地的战争，相继而起，外国帝国主义的压迫，日甚一日。"

　　面对旧民主主义革命的失败，杨闇

△ 恽代英　　　△ 吴玉章

公"奋斗的雄心油然而生，内心的信仰愈见坚决"，他决心为中国建立社会主义社会而斗争。

1921年冬，杨闇公来到新文化运动蓬勃发展的成都，参加了成都留日学友读书会，他希望通过与一些留日归国在成都教育界工作的人联系，能发现一些志同道合的同志。他在日记中记载："我返川许久都没有作团体和宣传的事""近年来鉴于各方情势，又非出而奋斗不可，兼又得庸生等为助，更应从事奋进。于是各方择优，得同志十余人，似组织一同盟会"。

这年夏天他通过成都留日学友读书会，结识了成都高等师范学校校长吴玉章。吴玉章和杨宝民、杨剑秋都是同盟会会员，又是四川同乡，往来较密，因此，杨闇公有机会认识了吴玉章。吴玉章在成都文化界有很高威望，深受进步青年的仰慕。杨闇公在重庆时曾读过吴玉章为"全川自治联合会"草拟的宣言和政纲，对吴玉章早就十分敬佩，认识以后，更认为他学识有根底，绝非一味大言欺人，口头上挂招牌之辈所能比拟。吴玉章对杨闇公也十分器重，因此两人往来频繁。当"成都社会主义青年团"在吴玉章支持下，以成都高等师范学校为基地，组织进步青年学生深入工厂、农村，发动工人组织会和发动农民组织农会时，杨闇公都积极参与筹划。这时，恽代英因在泸州进行革命活动被军阀赖心辉扣押，吴玉章特去电泸州保释，将恽代英请到成都高师任教，并介绍杨闇公与之相识。1922 年，杨闇公又结识了成都社会主义青年团负责人之一的童庸生，不久，就加入了这个组织。1923 年 8 月，刘伯承作为川军第一军第二混成旅的团长，因率部队在大足县同吴佩孚派来的黔军王天培部激战受伤，正在成都就医，吴玉章又介绍杨闇公与之相识。

　　1923 年秋冬，刘伯承一直在成都治伤。深秋萧瑟，北

▷ 刘伯承

雁南归。刘伯承又一次以顽强的毅力避免了
截肢，通过坚持锻炼受伤的右腿渐渐恢复了，
住在成都刀子巷家中养伤。

　　然而在家中养伤的刘伯承心里并不轻松。
困扰着他的不仅是身体的创痛，更多的是对
前途的忧虑：多年的浴血奋战是为了什么？今
后中国的出路在哪里？刘伯承感到无比的苦闷

和茫然。

金戈铁马，征战沙场，一晃十年过去。刘伯承忍不住回顾了从 1913 年参加反袁起义到现在，十年中自己所走过的道路。

开始，川军与滇军联合打北洋军，后来川军与滇军恶战，再后来，川军内乱，为争夺地盘互相火并，最后，川中乱军竟勾结北洋军向熊克武进攻。刘伯承越想越郁闷，本来是为了消灭军阀而征战的，可打来打去，老军阀没打尽，新军阀却越打越多。刘伯承明白就连始终打着孙中山先生旗号的熊克武，也在打自己的小算盘，努力经营自己的小势力，很少出川征讨北洋军，只求做个四川王罢了。

十年来，多少将士为了革命血流成河，自己两次身负重伤，死里逃生，结果国民革命成功之日依然遥遥无期，天府之国变成了人间地狱，在百姓深陷苦难之时，张冲之流脑子里却只顾升官发财，纵情享乐，腐败至极！他顿悟：如果再对熊克武一味愚忠，在军阀混战的泥潭里挣扎，是没有出路的，自己救国救民的抱负只会付之东流。不由得，他开始萌生了与熊克武分手的念头。

恰恰相反，熊克武却越来越意识到没有刘伯承不行了。

这些年，刘伯承不图名利，以一个团长的实职，实际上指挥了全川的战斗，每战每捷，不知打了多少胜仗，解了他多少燃眉之急。熊克武深感有负于刘伯承，于是对养伤的刘伯承倍加关怀，经常派人探望，赠送食物，连自己的轿子、马车也送给刘伯承使用，希望能感动刘伯承，再次为他出征。但每次说客登门，刘伯承均以腿伤未愈为理由，婉言拒绝了。

刘伯承因伤离开部队后，讨贼战事由胜转败，先是重庆得而复失，随后成都也遭到敌人的重兵威胁。究其失败原因，这一方面是讨贼军在胜利面前产生矫情心理，尤其是领导层各怀私利，只关心自身势力的扩大，不想继续协力作战。前敌总指挥赖心辉属四川边防军系统，不愿看到熊克武第一军势力因战胜而强大，竟在攻占重庆后按兵不动，坐失乘胜进军的良机。另一方面敌军重新集结力量，吴佩孚任命刘湘为川康善后督办，取代袁祖铭统领所有对讨贼军作战的军队，随即进行了连续的反攻。消息传来，刘伯承对讨贼军的失利和四川形势的再度逆转痛心疾首，一番斟酌之后，决定认真思考今后的归宿。

这时，吴玉章正在成都担任高等师范学校校长。吴玉章曾竭力辅佐过熊克武，担任过熊克武在广州军政府中的代表，后来吴玉章目睹川军军纪混乱，腐败之风犹胜，深感中山先生领导的旧民主主义革命救不了中国，毅然向熊克武辞职，致力研究苏俄革命，研究马克思主义。吴玉章非常认同刘伯承的才干和品格，觉得他是一个有大志并真心实意为救中国的革命者。于是经常到刀子巷探望刘伯承，有意地带些李大钊、陈独秀宣传马克思主义的文章给刘伯承看，与他纵论时局，并告诉他孙中山先生也在研究苏俄革命，并在廖仲恺先生的帮助下着手整顿国民党。

这天，吴玉章带了《共产党宣言》来看刘伯承。刘伯承好奇地问：

"玉章兄，你是从哪弄来这么多书的？"

吴玉章说："向一个叫杨闇公的朋友借的。他19岁到日本士官学校留学时，读了不少马克思的著作，前年从日本归来，没进军队当官，倒在成都致力宣传马克思主义，我和他是一见如故！"

刘伯承马上来了兴趣说："玉章兄，人生知音最难求，啥时候介绍我和杨闇公认识一下？"

△ 吴玉章、童庸生、廖划平、杨闇公（从左至右）1922年在成都合影

吴玉章一口答应："好，闇公喜欢结交革命友人，你邀请他他一定也很高兴，那就明天吧。"

第二天一早，吴玉章就带杨闇公来到刀子巷看望刘伯承，两人刚刚在客厅坐下，张冲和十人团中的其他几名军官奉熊克武之命又登门劝驾来了。刘伯承心中十分不快，但出于礼貌，只好不冷不热地请张冲等人坐下。

一时间，客厅里沉寂了。吴玉章、杨闇公默坐着，刘伯承也默坐着，情势十分难堪。张冲实在憋不住了，于是开了口，故作关心地问：

"伯承，腿好些吗？"

刘伯承面无表情地干脆封门："上前线还不行。"

张冲一愣没词了，讪笑着只好又寻话题："伯承，闲闷时到我家走走，我让厨子给你做点好吃的。"

说到吃，军官们终于有了话题，七七八八地说起来：

"刘指挥，张冲兄新聘的厨子,在汉口给黎元洪做过菜,京广江浙口味全行！"

"对他那山东名菜，霸王别姬更是拿手。"

"什么霸王别姬啊，就是王八炖老母鸡，哈哈！……"

刘伯承和吴玉章面露难色地忍耐着，可性烈如火的杨闇公却忍受不了这些鄙俗的谈吐，呼地起身，一语不发地拂袖而去，没想到有人这么不给面子，弄得张冲和几名军官面红耳赤，尴尬之中也不好再待下去，不满地告辞走了。

吴玉章替杨闇公解释："伯承，你别见怪，闇公他就这烈性子。"

意料之外的刘伯承却高兴地说："怎么会见怪呢，能结识这么一位血性朋友我高兴还来不及呢。走，我们上他家看他去。"

说罢，刘伯承就跟着吴玉章乘车赶到杨闇公家，杨闇公怒气已过，冷静下来也觉得有点太冲动了，有点歉意地对刘伯承说：

"伯承，对不起。听那些鄙俗之言，如听犬吠，令人气闷难忍。我，我应学习你的涵养。"

刘伯承摆摆手由衷地说："我的长处也是我的短处，过于容忍，觉醒恨晚。应该是我学你的疾恶如仇，刚烈果决！"

两人的心一下沟通了，都有种相见恨晚的感觉。

从此，刘伯承和杨闇公朝夕不离，论说当时局势，探讨马克思主义的真谛。每天见面一两次，长谈八九个小时也不嫌累。谈到战争，杨闇公感叹："伯承谈战事的经过，使我有动于衷。若能朝夕晤谈，其所愿也。"

能与刘伯承结识杨闇公非常高兴，在1924年1月4日的日记中他写道：

伯承机警过人，并且很勤学的，头脑也异常清晰，不是碌碌者可比；又兼有远大志向。得与之交，我心内是很快活的。同他堪当益友之列，并可同行于一个道路。

在同杨闇公等人的交往中，刘伯承更认识到自己十年苦斗，血汗白流。不久，又传来消息，孙中山先生在李大钊等共产党人的帮助下在广州召开了中国国民党第一次全国代表大会，提出了联俄、联共、扶助农工三大政策。刘伯承更看到了希望，也更坚定了与熊克武分道扬镳的决心。

　　看到刘伯承找各种理由推辞就是不肯出征，刘湘和杨森又很快兵临城下，成都危在旦夕。熊克武只好深夜冒着彻骨的风雪严寒，亲自到刀子巷劝驾。

　　刘伯承正在灯下挥毫写字，见熊克武深夜冒风雪走访，心中已察知来意。

　　熊克武开门见山地说："伯承，我决定请你出任东路军总司令。"

　　刘伯承坦率地回答："谢谢熊总的提拔。不过这种战争我已厌恶了。"

　　亲耳听到刘伯承的拒绝，熊克武深深吸口气说："我知道，这些年太亏待你了。以你的才干和功勋，早该提升了。"

　　刘伯承叹口气说："熊总，你误解我了。我绝非因为没升官而不愿出征。我只是觉得，打来打去，不过做了新老军阀争权夺利的牺牲品。可惜，我觉悟太晚了。"

　　熊克武说："伯承，刘湘、杨森投靠了曹锟、吴佩孚，打他们正是中山先生下的讨贼令。"

刘伯承决定直抒胸臆，说："恕我直言，你们虽然旗号不同，但目的都是为了做四川王！"

熊克武猛地站了起来，努力克制自己，委屈地说："伯承，我是始终忠于中山先生的。"

刘伯承说："那好，你答应我三条，我明天就上阵出征。"

"说吧。"

"第一，真正在四川推行中山先生联俄、联共、扶助农工的三大政策。"

"我可以通电响应。"

"要实际行动。"

"具体步骤，解除成都之围后再从长计议。"

"第二，解散十人团。"

"第三，不与张冲这样的人同伍！"

"伯承，这些人是川军的基础，没有这些人，我就是光杆司令了。"

"不，士兵大部分是工农。只要你大胆

起用吴玉章、杨闇公这样的有识之士，完全可以建立一支新川军！"

熊克武沉吟良久，目光盯着刘伯承重重地说："伯承，你这是强我所难了。"

刘伯承断然地说："熊总，那我们只好分道扬镳了。"

熊克武心里交织着恼恨、苦痛和惆怅，忽然他注意到刘伯承身边的书案上。灯光下，案头上有一大摞书刊，最上边的一本是《共产党宣言》，旁边铺展的白纸上是刘伯承刚刚写下的四个大字"深思断行"！

他明白，一切无可挽回了，沉痛之余只好起身告辞。

刘伯承站在寓所门口，一直目送着熊克武的马车消失在风雪弥漫的夜幕之中。回到书房内，他回想起1913年春天。自己刚从重庆蜀军将校学堂毕业，熊克武就在公馆花园中破格召见他的情景又浮现在眼前。这些年熊克武对自己的恩待不小，生性重一的刘伯承心中颇不平静。

他感慨万千，挥毫写下了一首诗：

园林春色满，士女踏青时，

独恐名花落，匡扶不上枝。

他掷笔推窗，望着漫天风雪，心中叹道："我曾经很敬仰他，真心想扶持他，可惜啊可惜！可惜匡扶不上枝呀！"

第二天，他找到吴玉章、杨闇公，告诉他们已经和熊克武言明分手了。

杨闇公快人快语："意料之中！"

说罢哈哈大笑，与刘伯承握手，"祝贺你！"

吴玉章拉刘伯承坐下，问道："伯承，你今后做何打算？"

刘伯承说："估计刘湘、杨森不久就要攻下成都，我想尽快离开这儿，再读些书，到上海考察一下革命形势。"

吴玉章欣喜地说："不谋而合！我也决定辞职，出川考察。"

刘伯承击掌笑道："我们正好同路。"

说到这儿，杨闇公和吴玉章交换了一下眼色，坦诚地说："伯承，我和玉章都准备加入共产党，你也参加吧。"

刘伯承思考着，没有马上回答。杨闇公和吴玉章耐心地等待着。

刘伯承素以"深思断行"为格言，为人处事喜欢独立思考，绝不随波逐流。对于社会上的各种观点、主义，他都要一一加以认真的思索和研究，决不轻易表示赞同或反对。但是，当他一旦认定了一个目标，他便毅然下定决心，非要走到底不可。他从接触共产主义思想到接受它，直至加入中国共产党，就是这样一个过程。

良久，刘伯承望着二人，庄重地说："这件事，我还要考虑考虑。十几年来的生活经验，使我悟出一个道理，就是无论做什么事情，都要先搞清其中的真谛。我从参加辛亥革命至今，所见所闻已经不少了，川军那里我是决定不回去了。但是，当今的中国应该向何处去，哪一种主义最合乎中国的国情，还应当深思熟虑才稳妥。如果一见旗帜就拜倒，我觉得太不对了。对于马克思主义，我还是刚刚接触，还没有十分的研究，正拟竭力深研，将来始能定其方道。"

吴玉章点头赞许。

杨闇公情不自禁地赞道："伯承，你的回答何等的真切，何等的真诚！这比那些因情而动，随波而靡的人，要高出万万倍！"

刘伯承接道："二位放心，这次出川考察，如果我认定了只有马克思主义才能救中国，我一定参加共产党，为之奋斗终生！"

不久，刘伯承和吴玉章相邀绕道贵州出川。在旧民主主义革命的道路上艰辛苦斗了十年的他，终于踏上了新的征程!

对于这件事杨闇公在日记中也有记载：

伯承确是不可多得的人才，于军人中尤其罕见。返川许久，阅人不可谓不多，天才何故如此罕出。

➡ 中国YC团的成立

★★★★★

（26岁）

1924年1月在广州召开的国民党"一大"上，孙中山先生接受了中国共产党关于改组国民党，实行国共合作的主张，从而揭开了大革命的序幕。

杨闇公在找到马克思主义但在组织上

没有找到中国共产党的情况下，以中国共产主义运动先驱者的英雄气概，在四川独立地探索建立共产党的道路。同周恩来、赵世炎1922年6月在法国组织的旅欧中国少年共产党相呼应，同吴玉章一起于1924年1月12日在四川也建立了中国青年共产党。

杨闇公在日记中记下了这个庄严的时刻：

今日是CY（共青团的英文缩写——引者注）的生日。一时许他们都来寓，候玉章至，三时四十分始正式谈话。对于日前的章程稍有增减，我被他们加以任务。

这天在有一间挂有马克思、恩格斯和列宁画像的房间里，二十多人聚集于此。这一天，一个叫做中国青年共产党（开始简称CY，不久改为YC）的共产主义组织，在成都市娘娘庙街24号杨闇公的寓所里宣告成立。会议举行了将近三个小时，杨闇公同大家热烈地讨论并通过了一周以来经过两次研究的中国YC团的纲领、章程和各种议案，推选出吴玉章、杨闇公等六人为负责人。

经过研究，中国YC团是按照"横的方面少数服从多数，纵的方面下级服从上级"民主集中制的原则组织起来的。它有严密的组织和严格的纪律，有明确的纲领。这个纲领发表在1924年5月1日出版的中国YC团机关刊物《赤心评论》创刊号上。作为中国 YC 团主要组织者和领导人，杨闇公对这个组织的筹办付出了很多心血。

杨闇公在中国 YC 团成立前后的日记中曾写道：

欲指导群众，究竟从哪条道路走的好？……刻已认定马氏为主。（"马氏"，指马克思、马克

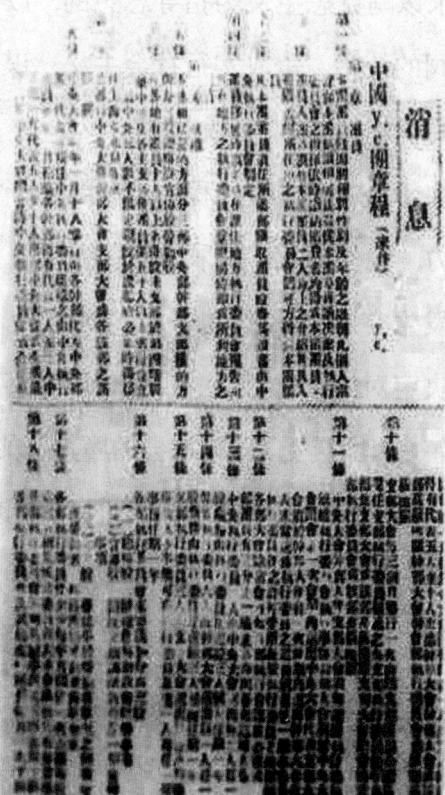

▷ 中国YC团章程

思主义)

社会的进程是循序渐进的，有自然的定律。

社会主义是为一般人各得其所，都有发展天才的机会，不致受经济压迫，得真正的自由。

吾……必须为他人尽力，使彼第四阶级者得一反其生活与地位。

照杨闇公这段期间思考的问题看来，中国 YC 团是一个力求以马克思主义为指导思想的，以反对帝国主义和封建军阀的统治，争取实行社会主义，谋求无产阶级和全国人民的解放为目标的革命团体。

在筹建 YC 团的过程中，杨闇公十分重视使组织具有战斗力，他主张 YC 团采取"三级制"，使任务能够落实，避免发生空谈、什么事也不能做的现象。YC 团成立的当天，他就决定对团员"当设法接近，借以考察其办事能力及品格"了。有一个团员受了"恶社会的魔力"影响，精神不振，他便对这个团员积极进行教育，"投以补剂"，"觅医与他注射点兴奋剂"。后来这个团员经过教育有了"发奋为雄"的决心，杨闇公又"全力扶持他，并不时地告诫他"。又一个团员陷入情网，在政治上表现消沉，他也"大力相劝"。总之，他很注重在革命组织内部进行思想政治教育。他还主张对革命组织的发展应持慎重的态度；他在同童庸生通信时，"力说不应滥收同志"。

中国 YC 团成立的初期，在杨闇公和吴玉章的领导下，积极开展马克思列宁主义的宣传教育和反帝反封建的革命鼓动工作。中国 YC 团刚成立时，由杨闇公担任编辑，出版了油印刊物《微波》，揭露封建军阀祸国殃民的罪行，宣传革命道理。1924 年 5 月，又由成员集资创办了 16 开铅印月刊《赤心评论》。杨闇公积极参与筹办，把它看做中国 YC 团的化身。《赤心评论》第一、二期分别刊载了中国 YC 团的纲领和章程。第一期是纪念列宁特刊，以后连续几期刊登了《列宁年谱》，宣传列宁的革命业绩。中国 YC 团成员吴玉章、曾凡觉、郭祖劫、张可勤和吕渺崖等发表了不少宣传马克思列宁主义理论，介绍苏俄情况和揭露帝国主义、封建军阀暴行的文章。

同时成立社会主义研究会，从各方面物色人才，杨闇公非常注重培养群众运动的骨干。中国 YC 团成立后，就作出了以王右木在

20 年代初建立的成都马克思主义读书会为基础，建立社会主义研究会的决定。

4 月 13 日，风和日丽，春意盎然，暖阳伴着清新的春风鼓动着兴奋的身影。上午 9 时，杨闇公兴致勃勃地赶到会场，一进门就看见七十多人济济一堂，看到了中国 YC 团三个多月来的工作成绩，心里十分高兴。特别使他兴奋的是到会的人中，有五名是工厂里的职工。他想，这些"被压迫而欲待救于人的，也因自身的关系出面奋斗了。此后善于指挥，会内必能物色些人才来"。开会时，吴玉章以《马克思派社会主义的势力》为题发表演说，指出马克思派的社会主义是"普遍于全世界"的"最伟大最新颖的潮流"，"经过苏俄的试验，人人已知道它有实现的可能性"。"实行社会主义以扫除资本阶级，消弭国际战争，也是时势的要求"。他号召中国人民要"对于最流行的社会主义明辨而后笃行"，以达到"改造社会的目的"。最后，社会主义研究会在众人的呼号中正式成立。

➡ 激情演讲

　　杨闇公和吴玉章经常同成都社会主义青年团一道到工厂、农村、学校去开展组织工人运动、农民运动和学生运动。

　　1924年5月1日，中国YC团同中国社会主义青年团成都地区的组织在成都少城公园联合举行盛大的纪念五一并追悼列宁的群众大会。杨闇公在会上发表了题为《国际资本主义对中国的侵略》的讲演。他豪气万千地说："创造俄罗斯苏维埃联邦社会主义共和国的列宁逝世了，世界人民得此噩耗莫不痛悼。这不正因为列宁是实行经济革命与世界革命的第一个成功者吗?不正因为列宁是人类推倒资本帝国主义的急先锋吗?当我们还在痛苦地呻吟于资本帝国主义压迫之下急盼解放的时候,忽然失去这样一位革命的巨人、劳动界的救星,我们怎么能不痛哭呢!?"他呼吁青年志士们,将中国人团结起来拧成一股绳,"顶天立地树建民族精神与国民的大义,系统地宣传,严密地组织,向国际资本帝国主义进攻,为继承列宁未竟之志而奋斗"。

杨闇公富于鼓动性的精彩演说,博得了全场群众的热烈掌声。讲演结束后,激动的群众正准备游行,四川军务督理署秘书秦正树突然跑来对大会主持人杨闇公等说:"军长有命令,阻止游行。"消息传开,大家十分愤慨。

"昨天的运动,我们可以证明,'自由'不是空谈可得来的,非血、泪、汗,不能得真正的自由。前途的障碍还多得多,非对此三种有最大的决心,哪能说得到其他,我很希望大家努力。"在成都期间,杨闇公专心致志于从事革命活动,顾不上谋求职业,尤其不愿在军阀统治下谋一份差事,所以经济甚为拮据。中国 YC 团成立会就是在杨闇公的寓所举行的。杨闇公的家是同志们经常去的地方,同志们没地方住就去他家住,同志没吃的了也上他家吃。他多次变卖家产,为革命筹集经费。如果遇上同志间有什么困难,他还要拿自己的钱去资助。那些封建族人看了都说他是"自找苦吃的败家子"。为了摆脱经济困境，他毅然卖掉由自己继承的200亩田产。1924年春，潼南老家有五十多天没有接济成都家属，杨闇公和弟妹的生活异常困窘，有时甚至弄到断炊的地步。但当家里准备变卖应由杨闇公继承的胞叔杨侠丰的田产时，他却毅然放弃了这份遗产的继承权。杨闇公回信给父亲说："一个人如依赖遗产，必养成惰性。"他在日记中写道：

我何人斯，岂能区区遗产变我初志？我若恃先人的遗产为生，只可曰吃饭虫。

正如他曾经给杨尚昆写信时说的那样："我是旧社会的叛逆，新社会的催生者。"充分表明他背叛封建剥削阶级而献身共产主义事业的决心。

→ 上海之行

★★★★★

（26 岁）

1924 年 5 月 7 日，杨闇公被迫离开成都，经乐至、遂宁回到潼南双江镇。

本来，回到阔别多年的故乡是一件令人欣慰的事，可是杨闇公这次旅行却使他在精神上受到了一连串的刺激。他一出成都，就见遍地种着鸦片，军阀借此大发横财，帝国主义者为了麻痹和奴役中国人民而设立的福音堂也深入到偏远的乡村，军阀还在水陆沿途遍设关卡，在重庆从土沱至相国寺一段不过一二百里的航程，就有十三道关卡。这一切，都使杨闇公"恨极了"，认为是"可怕的"、"可痛的"事。他越是注意考察社会现状，就越是感到应当坚决打倒帝国主义和封建主义。最使他痛苦的是在潼南双江镇老家度过的时刻，他亲眼看到了杨氏封建大家族腐朽没落的景象：族中人尔虞我诈，坐吃山空。他难以忍受那种令人窒息的环境，因此只在老家住了一周，就搭船前往重庆了。杨闇公抵达重庆后，立即找到社会主义青年团重庆地区组织的负责人、旧友童庸生，两人热切交换成、渝两地革命活动的情况并研究了今后的任务。

5月31日，他应邀出席重庆社会主义青年团在巴县国民师范学校举行的欢迎会，并作了讲演，强调青年不要漠视政治，要努力从事政治活动。端午节前一天，杨闇公和童庸生在巴县师范学校附近一个面临长江的幽静处所，一面眺望对岸的南山和真武山，观赏江面的龙舟竞赛，一面纵谈天下大事。童庸生用深沉的目光看着杨闇公说："我们这些'宣教徒'，若只努力宣传，不与'受洗'的朋友觅一乐地，那将会使他们失望的。"杨闇公认为这是一个深谋远虑的看法，同自己的见解完全相同。革命者进行宣传鼓动的目的，就在于发动人民起来为争取自身的解放而斗争，因此必须把注意力转向实际斗争。这两位亲密战友完全想到一块儿了。6月初，重庆市的一些中小商人组织"商业共进会"，并举行全市性罢市，以抗议军阀刘湘的压迫。杨闇公立即去找童庸生商量，决定组织团员去帮助中小商人开展这一斗争。这样，既支援了缺乏组织力的商业共进会，又可使团员和进步青年在实际斗争中经受锻炼。在这个问题土，杨闇公初步显露了革命活动家的才华。

在童庸生的热忱帮助和支持下，杨闇公于1924年6月初乘轮东下，前往当时中国共产党中央所在地上海，寻找中共中央和青年团中央指导。1924年6月25日，杨闇公在上海会见了青年团中央委员兼宣传部部长恽代英，恽代英在与之交谈时强调革命工作要从实际入手，重视行动，反对只唱高调。他对恽代英的主张深表赞同。杨闇公十分推崇恽代英，在日记里记下了这样的感想："此君谈话，很有一部分真理存在。""故我很有动于中"。

空暇之余，他还访问了一些川籍的国民党人士，谈论了改组后国民党的状况。7月底，杨闇公离沪进渝。归途

△ 杨闇公日记本

中,他在轮船上抓紧时间学习《唯物史观浅释》等书。轮船在中途停泊时,他便下船与劳动群众接触,了解底层人民的生活。

→ 战火中的爱情

★★★★★

（26岁）

革命中的爱情总是分外浪漫，杨闇公也有着一段感人的爱情故事。1924年10月经唐伯琨介绍，在赵松森的赞同下杨闇公与赵宗楷相识，两人一见钟情，不久便订了婚。

1901年5月赵宗楷出生于四川省荣昌县路孔乡一个大家族中，同杨家一样，路孔场几乎有三分之一户都是赵家，路孔场甚至有时还称作为赵家场。赵家本来就是一个大家庭，有兄弟姐妹六人。赵宗楷在家中排行最末，故赵家族人均称她为"幺孃"。

赵宗楷自幼性格开朗，聪明伶俐，又是最小，因此深受兄姐喜爱。她先在路孔万灵寺高级小学和荣昌县女子初级中学读书。

长兄赵松森曾于1907年（光绪三十三年）留学日本就读东京工大电机科，专攻电力学。毕业后回国，于1922年在北京海、陆军部任无线电科教官，是一个电机工程技术方面的专门人才，也是一位具有爱国思想而且支持革命的知识分子。此时，赵宗楷随同兄嫂在北京生活，并就读于北京女子师范，学习绘画专业。1924年赵松森回川任重庆电灯公司总工程师，赵宗楷又随兄嫂来到重庆。

1924年10月一个云淡风轻的日子，经唐伯琨介绍，在赵松森的支持下，赵宗楷认识了年轻有为、相貌清秀的杨闇公。杨闇公作为当时大革命时期四川党的创建人之一，后为中共第一任四川省委书记，而赵宗楷也受大哥的影响，对革命思想也有一定的认识，对杨闇公的经历和学识都深深地青睐。两人对彼此都非常有好感，于是经常通信和见面，在与杨闇公的进一步交往中，赵宗楷对革命逐步有了更深的认识，开始走上了革命道路，甚至还参加了一些革命活动。赵宗楷也是个颇有学识的女青年，她思想新潮，个性阳光，杨闇公也深深为之倾心。随着交往的增多，对彼此了解的

不断加深，两人都深深爱上了对方，由衷地
觉得对方是自己生命中不可缺少的另一半。

1925年3月18日，春光明媚，对赵宗楷
来说是个幸福的日子。

这天，她与杨闇公在家人美好的祝愿中
结为了革命伴侣。从此，赵宗楷在杨闇公的
帮助下积极从事革命工作，成了他革命道路

◁ 杨闇公与夫人赵宗楷
1925年摄于重庆张家花园

上的贤内助。

　　结婚后，1925 年 3 月至 1927 年 3 月的两年中，她和杨
闇公以及杨闇公的父亲杨淮清共同生活在重庆的二府衙街
70 号。这里也是当年中共四川省委的工作地点，不少革命
领导人，如吴玉章、刘伯承、任白戈、廖苏华等同志经常
在这里聚会，共商革命大计。赵宗楷也参加了省委领导下
的妇女联合会的活动，并积极支持杨闇公的革命工作，她
非常出色地承担了部分机要交通工作。特别在革命斗争的
艰苦时刻，她处处保护丈夫和革命友人的安全，掩护杨闇
公的革命活动。很多党的重要会议，她都建议在长兄赵松
森的住所召开，开会期间，同志们都在她家吃饭，赵宗楷
总是亲自下厨，忙上跑下，丝毫不曾抱怨。凡是同志们遇到
的困难，赵宗楷都热心帮助，大家都称赞她是革命大家庭
的大管家。

　　1926 年冬的一个夜晚，任白戈同志的住地被盗，大部
分衣物都被小偷一股脑儿地偷走了，第二天任白戈连床都起
不了，弄得身无分文，只得穿着睡衣窝在被子里，十分尴尬。
赵宗楷知道后就把自己的首饰典当了，让杨闇公为任白戈买
了衣物送了过去。任白戈得知后感动不已，杨闇公也为妻子
的慷慨深感欣慰。

　　赵宗楷为杨闇公生了两个孩子。1926年初他们的大女儿出生了，杨闇公疼爱地抱着婴儿，看着孩子纯净无瑕的双眸，脑中灵光一闪，高兴地对赵宗楷说："咱们给孩子取名叫赤化怎么样，寓赤化全中国之！"赵宗楷听了连连点头深表赞同，后因白色恐怖改为赤花。

　　1927年春，他们又多了一个儿子，杨闇公毫不犹豫地为之取名共产，寓在全中国实现共产主义之意，她也表示同意，后仍因白色恐怖改为洪彦，现名绍中或肇中，借以共铭心志。解放后，杨闇公的子女在党和政府的关怀下，都接受了高等教育，并加入了中国共产党。

"德阳丸案"

★★★★★

（26岁）

1924年8月，杨闇公又回到重庆，9月加入社会主义青年团。回到重庆以后，他挑起了团地委的领导重任，先后担任组织部长和书记，10月8日他由中央特派员萧楚女介绍入党。日记中记载了他入党时的欢欣："萦怀我心的新产物，昨天降生了"，"昨天是我应当作纪念的日子"。经过十多年的努力奋斗，杨闇公由一个旧民主主义者终于成长为一个在中国共产党领

导下的自觉的共产主义者。从此，他走上了为共产主义事业奋斗的伟大道路。

从此杨闇公成了一名真正的中国共产党党员，他和团中央特派员萧楚女团结合作，在党中央领导下，开展了威武雄壮的反帝反封建斗争。杨闇公入党后，随即参加青年团重庆地委的领导工作，任秘书长，不久任代理书记、书记和组织部部长。他和萧楚女等发动重庆工人、学生和各界爱国群众，建立四川反帝大同盟，开展爱国反帝的宣传。

他们先后在重庆成立了"四川反帝国主义同盟"、"四川平民学社"，开办了平民学校，并出版机关刊物——《爝光》。杨闇公在该社成立大会上发表演讲时指出，这个组织的前途是未可限量的，鼓励大家要努力工作，广泛地联系并发动了群众。杨闇公和萧楚女还发动各校进步学生组织各种社团或读书会，引导他们学习革命理论，研究社会问题，走上革命道路。

1924 年 11 月 19 日，日本商船"德阳丸"在重庆私贩劣币，扰乱金融市场。重庆军警团督察处派人员上船搜查，竟遭日船人员殴打，检查人员还被暴虐的日本人抛入江中，造成数人伤亡，这就是震惊全川的"德阳丸案"。

事件发生后，重庆各阶层爱国群众纷纷向日本帝国主义和反动军阀提出强烈抗议。萧楚女、杨闇公等联络各团体组织了抗议"德阳丸"暴行的重庆人民外交后援会，还通过四川平民学社广泛动员群众向日本帝国主义及其走狗四川军阀展开斗争。12 月 13 日，重庆市各界人民举行声讨"德阳丸"暴行的群众集会，萧楚女发表了声讨日本帝国主义罪行的演说。会后举行示威游行并到军阀政府请愿，杨闇公被推举为请愿的总代表。当队伍行进到省长公署时，衙门里大大小小的官僚们一个个都溜之大吉了。

杨闇公说：由于这次群众运动的兴起，"九时许各校陆续到来，死气沉沉的广场，骤现一种英气，活泼的学生，热情流露于行列。至十一时到齐了，相继出发。我被举为总代表，先赴各当道接谈，但未见面，都是代理人相谈，他们的恐慌，于此可见"。群众"精神因之大振"，"群众受此大训练后，必易于激动"。杨闇公的这次斗争最后迫使日方调回重庆领事，军阀政府亦换了重庆海关监督。

△ 中共重庆地方委员会旧址（即四川省委旧址）

→ 促成重庆国民会议

（26岁）

1924年11月，孙中山接受中国共产党的建议自广州北上，呼吁立即召开国民会议，制定宪法，反对军阀专制，废除不平等条约。中国共产党于孙中山北上的同时，在全国发起召开国民会议和废除不平等条约的群众运动。杨闇公根据党中央关于开展国民会议运动的指示，多次同童庸生和团地委负责人罗世文等进行研究，确定了在重庆地区开展国民会议运动的策略，即发动青年团员积极投入运动，尽力掌握各进步团体，早日组成国民会议促成会；对国民党右派，要有分寸地向他们开展斗争，先是监督他们对运动的不努力，第二步才攻击他们向右的倾向。

面对艰巨的任务，杨闇公夜以继日忘我地、紧张地工作着：写文章、作讲演、主持会议、指导基层的活动，简直忙个不停。为了抵制段祺瑞企图用军阀、官僚和御用文人政客参加的所谓"善后会议"来取代国民会议，他决心用"积极的手段"、"拼命的做去"，以便迅速地把国民会议的群众运动开展起来。即使在身染疾病的情况下，仍四处奔波，甚至在病榻上还与来者研究问题。

为了广泛地发动群众，他还曾多次带领团员和积极分子，在 1925 年的春节期间深入到南岸真武山，向进香和游览的群众散发革命传单和发表演说。这年正月初二，杨闇公一连讲演了八次。开始，他讲的道理深了些，群众不甚了解。他发现后立即加以改进，注意采用通俗生动的语言，并着重联系群众的切身利益。因此越讲越有吸引力，听众越来越多，越听情绪越激昂，有的人哭了，有的人对反动派恨得咬牙切齿。有好几次，杨闇公已经讲完了，大家还把他围在中间要他再讲，群众爱国的热情使他激动不已。他深切地感到，只要热情向群众宣传，就能启发他们的觉悟，推动他们积极投入革命斗争。他在日记中写道："从前他们何尝知道他们是国家的主人翁啊!以为只是几个所谓伟人的人,是应该来支配他们的。"

经过杨闇公等人几个月的工作,重庆国民会议促成会于1925年1月18日正式成立。杨闇公被推举为负责人之一。他们排除了国民党右派的干扰,选出了童庸生等四人为重庆地区去北京参加全国国民会议促成会的代表。这时,綦江县也推选出邹进贤、危直士等四名代表。2月27日,重庆国民会议促成会召开群众大会,到会者有一万四千多人,其中工人占一半以上。杨闇公担任大会主席,他报告了促成会成立的经过并阐述了开展国民会议运动的重大意义。去北京的代表也发表了演说。大会还顺利通过了由杨闇公提出的增选两名女代表的提案。至此,在选举代表的问题上,中国共产党和国民党左派取得了对国民党右派的完全胜利。会后举行了游行示威。当队伍行进到夫子池时,杨闇公再一次向群众发表了热情洋溢的演说,与群众大会和游行示威相配合。杨闇公等发动党团员和积极分子，组成二十多个讲演队，沿街向市民进行宣传，并散发了四十多种油印传单，使"迅速召开国民会议"、"反对善后会议"、"打倒帝国主义和军阀"等口号在重庆广泛传播开来。

→ 追悼孙中山

★★★★★

（27岁）

国民会议促成会全国代表大会进行期间，突然传来了伟大的革命先行者孙中山病逝的噩耗，举国震惊。1925年3月14日，杨闇公在重庆国民会议促成会的会议上提议为孙中山举行隆重的追悼大会。于是由各进步团体组成了重庆市孙中山先生追悼会筹委会，萧楚女、杨闇公等

△ 孙中山

被推举为负责人。

4月7日，各界群众八千多人聚集在打枪坝为革命伟人孙中山举行了隆重的追悼大会。在大会上杨闇公又发表了感情真挚的演说，热情颂扬孙中山的伟大功绩，宣传他"以俄为师"的指导思想和"联俄，联共，扶助农工"的三大政策。他们还揭露了帝国主义和封建军阀勾结起来奴役中国人民的罪行。这期间，党组织还动员大批学生与工人组成几十个宣传队，在江北和南岸等地大街小巷向群众讲演，散发了七十多种传单。"打倒帝国主义"、"打倒军阀"、"废除不平等条约"和"努力国民革

命"等标语张贴在城市的大街小巷。当时杨
闇公在重庆二府衙街 70 号的寓所，经常是宣
传队员聚集和休息的地方。杨闇公的父亲杨
淮清也很同情和赞助这些青年人的革命活动，
他高兴地对来到家里的宣传队员们说："孙中
山先生死了，我当孝子。你们离学校、工厂太远，
宣传完了，就请到我家里吃饭。"

由于开展国民会议运动和追悼孙中山的
纪念活动，扩大了革命的宣传，反帝反封建
的口号更加深入人心，国共合作的统一战线
的影响也愈来愈大，同时还为筹建党在重庆
的组织培养了一批骨干，重庆共青团的组织也
大大发展了。

➔ 声援五卅惨案

1925 年 5 月 30 日，发生了上海公共租界的英国巡捕开枪屠杀中国人民的惨案。五卅惨案消息传到重庆后，激起了全市人民的极大义愤。杨闇公与冉钧、罗世文等党组织负责人一道，领导各进步团体成立了抗议英、日帝国主义惨杀上海华人的重庆国民外交后援会，并领导重庆工人、学生和市民罢工、游行示威以及经济绝交等大规模的斗争，使外国企业和洋行人员的经济活动陷于停顿。

6 月 25 日重庆市的工人、学生和市民举行大规模游行示威，英、日帝国主义企

△ 五卅运动工人罢工

业中的中国工人，开展了罢工斗争。自7月1日起，重庆市人民对英、日等帝国主义实行经济绝交，码头工人拒绝为英、日商轮装卸货物，广大群众坚决抵制英货。英帝国主义者恼羞成怒，竟派水兵登陆，在龙门浩隆茂洋行一带，对进行爱国反帝宣传的学生进行了拘捕。

次日，残暴的英国水兵又刺死中国群众数人，制造了"龙门浩血案"，这种毫无人道的恶行彻底激怒了重庆民众。杨闇公和党团的其他负责人从报纸上看到消息后，拍案而起，对帝国主义的丑恶行径怒不可遏！当即决定领导全市人民开展更大规模的斗争，宣布一定要惩办凶手，英帝国主义者必须向受难者赔款并向中国人民道歉，强烈号召商户停止对外国领事馆、企业和洋行人员生活必需品的供应，使帝国主义者遭到沉重的打击，向中国人民炫耀武力而开往重庆江面的两艘英国军舰，也不得不夹着尾巴离去。

这期间，党不断加强对各群众团体的领导和促进国民党的改组工作。党组织决定将已有的平民学社加以改组并扩充到各县去，将劳工互助社改为青年劳工互助社，吸收各工会的下层青年分子，准备作为将来成立总工会的基础；将四川妇女改进社加以改组使之成为妇女运动的总机关。同时，党还准备建立重庆青年团体联合会。

对于四川地区的国民党组织，党决定依然由杨闇公负责，发动党团员和积极分子加入进去，以打破国民党右派的垄断。此外，杨闇公还主张将当时重庆联合中学、重庆第二女子师范学校、巴县中学等校建立的学校互进社、怒涛社、波浪社等进步学生团体置于党的掌握之中，成为党的外围组织。

→ 中法学校

★★★★★

（27 岁）

革命形势的发展，亟待加强马克思列宁主义的教育和培养大批骨干。1925 年 8 月，吴玉章由广州返回重庆，着手整顿四川省的国民党组织，形成了左派力量占明显优势的局面。同时，同杨闇公、冉钧等商量筹办培养革命干部的学校。由于吴玉章 1916 年在法国同蔡元培发起组织过法华教育会，1917 年又在北京参加开办留法预备学校，所以便将拟议中的学校定名为中法学校。其大学部名为中法大学。不久，杨闇公租得通远门外大溪沟谭家花园一幢旧式楼房及其附近的几处民房作为校舍，首先办起了中法学校附属高初级中学，招收了两百多名因闹学潮而被江北中学、合川联合中学、重庆第二女子师范学校开除的进步学生与闻风而至的进步青年作为第一批学员。9月14日，中法学校正式开学，吴玉章任校长，童庸生任教务主任（年底由萧华清接替），杨伯恺任训育主任，张克勤任事务主任，杨闇公、冉钧、周贡植和漆树等为兼职教员。学校开办不久，杨闇公亲自布置第一期学生到磁器口的几个丝厂去组织平民学校。平民学校条件很差，学生只能在一些竹林捆绑的四

△ 中法学校校舍

△ 1926年1月，杨闇公、吴玉章等在广州参加中国国民党第二次全国代表大会。图为国民党二大合影，第五排右四为杨闇公，前排右四为吴玉章。

周通风的房子里给工人上课。晚上就作为宿舍，伙食问题也是自己解决。经过两个多月的艰苦工作，学生们在思想和工作能力方面都受到了锻炼。到1927年初，中法学校已发展到一千多人，教育了大批进步青年，培养了许多革命骨干，其中有些人加入了共产党和共青团，有的为革命事业英勇献身，有的在长期革命斗争中为中国人民作出了重大贡献。

在创办中法学校的同时，杨闇公还领导开办了党团员训练班，培养党团基层组织的骨干。训练班每周开两三次会，讲授马克思列宁主义基本原理，传达党的指示。主要由杨闇公、冉钧上课。杨闇公派任煜为这个训练班的教务长。

经过几年的筹建和做了大量的宣传工作与组织工作，建立中国共产党四川省的统一组织机构的条件已经具备。1925年冬，来自全川各地的一些共产党员于重庆中法学校举行秘密会议，正式成立了中国共产党重庆地方委员会，选举杨闇公为书记，冉钧为组织部长，吴玉章为宣传部长（因吴玉章当时不在重庆，遂由周贡植代理，后来为钟梦侠接任），加强了党对全川革命工作的领导。

在筹办重庆中法学校期间，吴玉章，杨闇公团结国民党左派，对四川的国民党组织作了进一步整顿，并将国民党四川省党部移至重庆莲花池。杨闇公负责省党部的实际领导工作。10月底，省党部通知各县、市党部就地选举四川省出席国民党第二次全国代表大会的代表，当选的有吴玉章、杨闇公、童庸生、廖竺君（廖苏华）、廖划平（后叛变）和黄复生等。除黄复生外，其余五人都是共产党员。选举结果表明，两个多月以来四川省国民党组织经过整顿，左派已占很大优势。

→ 对峙右派

★★★★★

（28 岁）

1925 年 11 月，杨闇公和吴玉章等离渝赴广州参加国民党第二次全国代表大会。吴玉章是大会的秘书长，杨闇公参与了大会秘书处的工作。大会从 1926 年 1 月 1 日开幕至 19 日结束。

大会期间，杨闇公以敏锐的政治眼光，察觉出汪精卫在大会上的政治报告暗示了对中国共产党和苏联顾问鲍罗廷的不满是"有用心的"。阴险狠毒的反革命野心家蒋介石伪装一副革命的面孔，一些人为他的"左"的言词所迷惑，在他讲话时，竟出现了与会代表"起立致敬"的场面，杨

△ 1926年春，重庆地方党团组织负责人合影。第二排左起为：杨闇公、萧楚女、廖划平；后排左四为罗世文。

闇公却轻蔑地认为这简直是"笑话"。并一针见血地指出"蒋介石的报告抹杀一切工农援助的事实，而表示自我太强"，也是"有用心的"。他对毛泽东所作的关于宣传工作的报告十分推崇，认为较其他报告都"有系统些，他能把具体事实指得出来，并对于每个时期所施的宣传口号，也恰中客观的需要"。对恽代英的报告也给予很高的评价，认为"颇多中节"。杨闇公在会外也很活跃，除参加各种群众集会外，还发起成立四川革命同志会，并亲自起草章程。他想通过这一团体，把在粤的四川革命同志组织起来，使之具有正确思想，以免受到反动派的迷惑，便于他们将来返川进行革命工作。杨闇公在广州期间，中国共产党中央的负责同志对四川党的工作曾作指示，要求在国民革命军北伐时，对四川军阀采取"前顶后拖"的办法。国民党左派邓演达也向杨闇公说："将来北伐一定成功，要取武汉，驻守万县的川军杨森对湖北宜昌、武汉威胁太重，四川同志要负起这一方面的工作。"在那里，他还领受了党中央对四川工作的指示。

回川以后，杨闇公筹备召开了四川省国民党一大，他代表省党部作了《政治报告》、《工人运动报告》和《农民运动报告》，刘伯承作了《军事报告》，通过了杨闇公起草的会议宣言。杨闇公、刘伯承、朱德都当选为省党部执行委员。通过这次大会，四川的国共合作进入了高潮。

1926 年 2 月，经党中央批准，四川省的共产党员在重庆中法大学秘密成立了中国共产党重庆地方执行委员会。杨闇公当选为第一任书记，冉钧为组织部长，吴玉章为宣传部长，形成了四川革命运动的领导核心。他领导重庆地方党组织，大力发展工农运动，同时开始把注意力集中于军事斗争。杨闇公作为四川省团组织的主要领导人，为巩固和扩大统一战线，发展四川的革命运动，迎接全国大革命高潮的到来，作出了历史性的贡献。

1926年2月，中国共产党重庆地方执行委员会正式成立，杨闇公任书记，领导全川各地党组织进行革命斗争。

随着革命形势的发展，国家主义派和国民党右派的反动气焰日益嚣张，它们对共产党领导的群众活动进行破坏捣乱，杨闇公组织各界群众进行反击。这时国民党右派在重庆总土地会另立一个国民党四川省党部，同莲花池的国民党左派省党部对立。杨闇公领导国民党左派同右派进行了针锋相对的斗争，并利用刘湘改旗易帜的有利局势，迫使刘湘查封了总土地会的国民党右派党部。

中共重庆地方执行委员会积极开展各地农民运动、工人运动和群众性的反帝反封建斗争外，还着眼于开展军事工作，派了大批得力人员深入川军部队，以便掌握武装。

国民党"二大"以后不久，吴玉章亦来重庆。当时，刘伯承也住在重庆浮图关（刘伯承经杨闇公介绍加入了中国共产党，杨闇公曾要他去广州看一看，并在黄埔军校当教官）。他们遵循中国共产党中央的指示，根据国民党"二大"的精神，讨论并研究了当前的工作，决定由杨闇公负责发展共产党的组织和开展工农运动，吴玉章负责继续整顿四川国民党的组织并在中上层人物和军队中进行工作。在几个月的时间内，许多县、市都成立了国民党党部；重庆、成都等地均组织了工会，有组织的工人达三四万人；营山、南川等地成立了县农民协会。兵运工作亦有相当进展，党已争取并掌握了部分军阀部队，使之有的同情革命，有的在后来参加党所领导的武装起义。7月，吴玉章去广州，刘伯承不久亦离渝。

杨闇公十分重视人民群众在革命斗争中的作用。杨闇公认为，"扩大四川的民众力量，才能使全国革命成功。而加入革命的人们，才能变成为真正的革命者"。杨闇公特别强调农民运动的重要性，他说："应扶助占全川人口百分之八十九的农民的发展才能得到真实的动力"，才能"使四川的革命基础巩固，不至于为假革命所动摇"，"不至因环境变迁而动摇本党在政治上的地位"。他经常说："只要把群众发动起来了，军阀们那几杆烂枪是没有多大用处的。"为了开展全川的农民运动，党的重庆地方委员会派了一些干部到各地去组织农民协会，还派遣二十多人去广州到毛泽东主持的第六届农民运动讲习所受训。

当国家主义派和国民党右派向革命人民发动猖狂进攻时，杨闇公坚定地领导革命势力进行了坚决回击。

五卅惨案周年纪念时，中国共产党重庆地方委员会通过莲花池的国民党左派省党部在打枪坝召开各界群众纪念大会，并举行声势浩大的示威游行。但是在国家主义派骨干分子徐孝匡、杨叔明把持下的重庆联合中学和第二女子师范学校的师生却不参加大会。国家主义派分子还大放厥词，辱骂革命群众是"卢布虫"，胡说五卅惨案是共产党制造的。会后，重庆《新蜀报》在报道大会消息的特稿的标题中，标明了"唯联中女师不参加大会未免美中不足"。国家主义派遂以此为借口，于次日纠合几十名学生到《新蜀报》社起哄，要挟报纸刊登启事赔偿两校名誉损失，并强使主编周钦岳到二女师，要他向学生鞠躬赔礼。杨闇公闻讯后赶到报社问明情况，并布置"全面反击"。各报社成立了重庆新闻界雪耻大会。第二天各报均辟专栏揭露国家主义派的暴行，各进步团体纷纷发出"快邮代电"，进步人士亦发表谈话支援新闻界反对国家主义派的斗争。不久，成都、泸州、顺庆（即南充）等地的新闻界亦起而响应，这就形成了全川舆论界对国家主义派的总进攻。斗争持续了一个月之久，使徐孝匡、杨叔明的处境十分狼狈，不得不被迫托人出来调和，并在各报刊登道歉启事，最后灰溜溜地离开了重庆教育界。党的重庆地方委员会和杨闇公领导下的这场反对国家主义派的斗争，搞得有声有色，大获全胜。

这时，国民党右派已在重庆总土地（地名）另立国民党四川省党部，同莲花池的国民党左派省党部相对立，经常挑起冲突，大打出手。有一次，中法学校的一支学生宣传队在街头向群众宣传北伐胜利的消息，却遭到右派的袭击。一些学生挨打受伤，鲜血直流。杨闇公闻讯后，赶到刘湘军部（北伐军进入两湖战场后，刘湘迫于形势，将部队改称国民革命第二十一军），面见刘湘，痛斥了右派的罪恶行径，并严正指出："实在不能容忍伪省党部再存在下去了。"这时，几百名革命群众用滑竿抬着受伤的学生前来军部请愿，高呼"打倒伪省党部！""请刘军长严惩凶手！"要求刘湘取缔总土地国民党派省党部。刘湘此时既已易帜改号，也就只好装出"革命"的样子，当众下了一道查封总土地伪省党部的命令，派人取下了伪省党部的吊牌。

风云变幻

(1926-1927)

→ 泸顺起义

★★★★★

（28岁）

1926年底，为配合北伐战争，杨闇公与朱德、刘伯承、陈毅一起发动和领导了著名的四川泸顺起义。

9月5日，正当北伐军打到武汉时，英国军舰炮轰万县城，造成中国军民近千人伤亡，数百间房屋被毁，制造了"万县惨案"。杨闇公领导的中共重庆地方委员会立即发动群众，成立"万县惨案重庆雪耻会"，他被推举为主要负责人，中共重庆地方委员会、国民党左派省党部和各进步团体相继发出"快邮代电"，声讨英帝国主义罪行，号召人民奋起斗争。

△ 朱德、刘伯承、陈毅

9月9日，"雪耻会"召开市民大会，会后举行大规模反英示威游行，参加群众达十多万人。杨闇公强调要充分发动和依靠群众，彻底实行对英帝国主义经济绝交。党组织还通过"雪耻会"组织了纠察队，严禁英货行销，并防止奸商的破坏活动，使市面上"洋油"、"洋烟"很快绝迹。愤怒的群众又查封了大量英国制造的哈德门香烟和布匹。这期间，党还组织英国企业中的华工，开展了罢工斗争。

1926年9月中旬，根据党中央的指示，童庸生奉中共重庆地委之派，赴上海向中共中央汇报工作，提出了在四川"扶起朱德、刘伯承同志，造成一系军队"的设想以及组织左派军队起义的准备情况，中共中央随即做出起义的有关指示和决定。

10月，国民党中央在广州召开执、监委员会联席会议，讨论国民党最近的政纲和国民会议召集方案等重大问题。会上，北伐军总政治部主任邓演达提出："杨森对湖北宜昌、武汉等威胁甚大，共产党员同志要负责做川军的工作。"立即要求解除四川军阀杨森部对武汉的威胁。根据吴玉章的建议和推荐，会议决定派刘伯承回川，以"国民党中央特派员"的名义，全面负责四川军事，推动四川军阀易帜。

11月，刘伯承由广州回到四川后，在万县会晤朱德。朱德当时是辛亥战将、护国先锋，早在1922年在德国由周恩来介绍加入中国共产党，1926年8月受中共中央委派回到四川万县做争取军阀杨森的工作。10月23日，杨森被国民革命军总司令蒋介石任命为国民革命军第二十军军长，朱德为党代表。当时，杨闇公是中国国民党四川省临时省党部执行委员之一，朱德、刘伯承也是执委，党部设在重庆。

根据中共中央的指示，中共重庆地委决定成立军事委员会，由杨闇公、朱德、刘伯承三人组成，地委书记杨闇公兼任军委书记，统一领导全川军事斗争。随即杨闇公以国民党左派省党部名义召集部分川军将领开会，希望他们

"响应北伐，会师武汉"，争取地方军阀反对北洋政府，支持国民政府。随后，杨闇公又秘密召集有起义愿望的各部将领，具体部署起义事宜。会议决定组织发动泸州、顺庆（今四川南充市）起义。刘伯承传达中央关于加强四川军事运动的指示，以及利用川军矛盾、组织泸顺起义的战役构思和具体策略。

随后，军委会又确定了组织泸顺起义的具体方案，并作出决定和分工：(一) 杨闇公在重庆主持协调全面工作和与各路军阀进行周旋；(二) 刘伯承负责起义的总指挥；(三) 朱德

△ 1927年春，陈毅曾在这里组织领导军运工作。

赴万县做杨森的工作;(四)陈毅负责泸州起义;(五)童庸生负责顺庆起义。随后展开起义的准备工作。

几乎在朱德回川同时,陈毅也于1926年8月,受中共北方区委书记李大钊委派到四川杨森部队从事兵运工作。9、10月间,经朱德介绍,陈毅与中共重庆地委接上联系,被派往达县川军田颂尧部胡翼旅任党代表,并在学生界开展工作。11月,杨闇公与刘伯承同赴合川川东江防军黄慕颜部,策划起义事宜,后杨闇公在合川会见了陈毅,陈毅受命积极准备泸州起义。

1926年11月25日至12月4日,中国国民党四川省第一次代表大会在重庆中山学校举行。大会代表都是共产党员和国民党左派,杨闇公和刘伯承被选为大会主席团成员。杨闇公代表省党部作了《政治报告》《工人运动报告》和《农民运动报告》,刘伯承作了《军事报告》。大会通过了杨闇公参加起草的《中国国民党四川省第一次代表大会宣言》,他的报告和大会宣言分析了全国和四川的形势,揭露了帝国主义和国家主义派破坏统一战线的卑劣行径,提出了充分发动群众,支援北伐战争,争取全国革命成功的任务。杨闇公强调说:只要"以农民为后援,以有主义之军为先锋,将来倾之覆之亦易若反掌"。大会通过了制裁国民党右派的决议案，选举了省党部执行委员会，杨闇公、刘伯承、朱德等当选为执行委员。这次大会对巩固和扩大统一战线，发展四川革命形势具有深远的影响。

国民党四川省第一次代表大会正在进行中，袁品文、陈兰亭于 12 月 1 日在泸州兰田坝扣押了赖心辉的师长李章甫，宣告起义。起义部队在当天晚上击溃了李章甫三个团的兵力，占领了泸州城，宣布成立国民革命军川军第五路军（袁品文部）和第四路军（陈兰亭部）。12 月 3 日，顺庆方面的秦汉三和杜伯乾亦率部起义。这些行动都突破了原订计划。消息传来后，杨闇公忙将主持大会的任务交由他人接替，自己便与刘伯承等赶赴合川，负责起义的组织领导工作，决定由刘伯承和黄慕颜率合川江防部队开往顺庆。

12 月 9 日，黄慕颜部与秦汉三、杜伯乾的部队在顺庆会合。刘伯承也率部到达顺庆，次日召集顺庆、合川起义部队七千多人。次日，在顺庆城内果山公园召开起义军誓师大会，宣告国民党革命军川军各路军总指挥部正式成立，刘伯承就任总指挥之职。顺庆方面起义部队改编为第一、二、三路军，一路军司令由副总指挥黄慕颜兼任，秦汉三、杜伯乾分别担任二、三路军司令。这时，杨闇公派人送来一封密信，说中共重庆地委已严令泸州起义部队立即向顺庆集中，嘱刘伯承、黄慕颜等人率部坚守顺庆。另一方面，杨闇公又派人送信给武汉的吴玉章，请求设法对顺泸起义予以支持。吴玉章便在武汉国民政府会议上提议按军事序列给起义部队以国民革命军第二十五军番号，委派刘伯承为军长，会议通过了这个提案。但国民党右派谭延闿竭力阻挠贯彻执行，幸有吴玉章力争，武汉国民政府终于公布起义部队为国民革命军暂编第十一军。

12月下旬，杨森假意邀请杨闇公、刘伯承和童庸生赴万县主持国民党党务并进行会商。利用这一机会，杨闇公、刘伯承和朱德等军委负责人在万县会晤，在杨闇公的部署下，刘伯承率起义军撤离顺庆，转移至开江整顿，22日到达开江。

1927年1月中旬，杨闇公、朱德、刘伯承和欧阳钦在万县召开中共重庆地委军委会议，决定将国民革命军川军各路总指挥部移往泸州，立即委派刘伯承全权指挥泸州起义军。1月下旬，刘伯承在杨闇公掩护下到达泸州，设立起义军总指挥部，整顿部队，密切军民联系，加强防卫，大大提高了起义部队的战斗力。

后来随着杨闇公在4月6日的壮烈牺牲，起义部队也陷入了反动势力的围剿。4月9日，刘湘等四川军阀首领联合发表反共拥蒋通电，新旧军阀勾结在一起，共同镇压革命起义军。4月13日，刘伯承率起义军各路司令联名通电讨伐刘湘，严厉谴责反动军阀的暴行，决心义无反顾，奋战到底。然而终因寡不敌众，至1927年5月23日，泸州失守，历时近半年的泸顺起义终于失败。

这次起义总共坚持战斗达五个月之久，这是具有战略意义的革命创举。这次起义虽然由于国内反革命势力过于强大而最终失败了，但这次以杨闇公为首的中共重庆地委有计划、有组织的武装斗争实践，极大地震动了四川军阀，有力地配合和支援了北伐战争；同时，这次起义作为大革命时期中国共产党人独立开展军事斗争的一次重要尝试，在一定程度上为我党领导的八一南昌起义和人民军队的缔造，作了经验积累和人才准备。

泸顺起义是中共重庆地委直接领导的第一次大规模的武装起义，更是我党最早独立领导的大规模军事行动。它积累了党领导军事工作的经验，参与领导起义并取得宝贵经验的吴玉章、刘伯承、朱德、陈毅等，均成为后来南昌起义的骨干和中坚。在杨闇公的领导下，中共重庆地委在统一战线、武装斗争和党的建设三个方面开展了创造性的工作，四川地区出现了党组织坚强，国共合作巩固，群众运动高涨，武装斗争声势浩大的新局面，一跃而成为全国革命形势发展最好的地区之一。1926 年 9 月，党中央曾指出："川省现是最好工作之地，四川工作同志其刻苦奋斗的精神，更有为别省所不及者。"这既是杨闇公和他的战友们对中国革命的卓越贡献，也是党和人民对他们的崇高评价。

→ 打枪坝大会

★★★★★

（29岁）

　　到 1927 年春季，中国革命一方面是
迅猛地发展，另一方面又是革命内部分化
的日益强烈。在四川人民反帝反军阀的群
众运动不断高涨和北伐战争节节胜利的
情况下，四川军阀被迫先后改称国民革命
军。军阀们钻进革命阵营的目的不过是利
用革命旗帜来保持和扩大自己的地盘扩充
自己的实力，一旦时机成熟便反对革命。
蒋介石深知四川军阀的想法，先后派遣向
育红、戴弁、杨引之（黄埔一期学生，国
民党右派骨干分子，"三三一"惨案主犯，
后于 1927 年 5 月返回南京途中，被武汉国民政府逮捕并公审处决）等心腹入川，拉拢四川军阀和地方上的封建势力，四川军阀和封建势力正苦于被革命运动挤压，生存空间逐步缩小的现实，由于蒋介石和四川军阀的各自需要，他们立即达成了某种同盟，于是四川的时局顿时紧张起来。四川的反动军阀已和反革命野心家蒋介石进一步勾结起来，他们一方面处心积虑要将泸州起义部队置于死地，一方面又加紧策划对共产党人和革命群众实行大屠杀。四川革命运动虽然发展较快，参加的群众也比较广泛，但和以刘湘为首的四川军阀与封建地主相比，仍然是敌强我弱的态势，在这种形势下，杨闇公主张发动群众，反击反革命的进攻。

1927年3月，正当刘伯承率军激战于前线的时候，英帝国主义制造了南京血案，英美帝国主义停泊在下关江面的军舰竟然无理炮轰南京城，对中国革命进行横蛮的武装干涉，造成两千多军民伤亡的大惨案。

杨闇公等党的重庆地委负责人议定，并同

国民党左派负责人商妥，于 3 月 31 日在重庆打枪坝召开全市群众大会，抗议英美帝国主义炮击南京的暴行，扩大反帝反封建的宣传教育。

召开群众大会的消息传出后，刘湘感到大好时机来临，他一面加紧调派军队，密谋趁机进行大屠杀，一面又派人对杨闇公威胁利诱，妄图阻止大会召开。重庆地区革命与反革命力量之间的斗争达到白热化的程度。反动势力下决心要向人民开刀。

3 月下旬，刘湘在他的督办公署召集秘密会议，决定在召开群众大会时，暗中布置军队，以调停"工学冲突"为名，对共产党人和国民党左派省党部负责人下毒手，并拟定了大屠杀的黑名单。刘湘还派人把蒋介石派到四川来的爪牙杨引之等请来充当大屠杀的指挥。

会前四川军阀刘湘派出大批军警要对其进行镇压，企图阻止大会的召开。这时，社会上谣言四起，什么"共产党要暴动啦"，"工人学生要打洋人啦"，"打枪坝的群众要冲外国领事馆毁教堂啦"，闹得满城风雨。反动派利用他们自己所制造的谣言作为镇压群众的舆论准备，并以保护侨民和领事馆、洋行为名，进行大屠杀的军事部署。

当天中午，杨闇公又得密报，说刘湘在军部召集秘密会议，准备破坏大会。针对这种险恶形势，晚上他在党的秘密机关主持召开紧急会议，参加者为党团地委的负责同志冉钧、钟梦侠、程志筠、刘成辉、蔡铭钊、任煜和程仲苍等。会议决定，为了不向反动派示弱和不失信于人民，群众大会如期举行。

◁ 四川军阀刘湘

杨闇公严肃而坚定地说：这是一场严重的斗争，反动派要杀我们，不取决于我们这个会开与不开。要革命就不怕牺牲，怕牺牲就不是共产党人。与会同志一致采取宁愿牺牲也要开会的态度。接着研究了会场的警戒问题，决定了几项安全保卫措施：由工人纠察队负责在场内巡查；各校童子军携带木棍和绳套在会场四周警戒；各单位整队入场，不许闲杂人混入队伍等。杨闇公还说他已找过杨森部的向时俊，要他带卫队入场维持秩序。当天晚上，党的负责人还在川东师范学校召集工人纠察队员开会，要他们严守会场大门，并作好主席团的保卫工作。深夜，杨闇公去黄慕颜寓所（当时黄慕颜正在重庆，请党的重庆地委向武汉国民政府求援，筹集款项接济驻开江的起义部队），嘱咐其次日一早赶到会场。然后，他才拖着疲惫的身子回家。

3月31日，杨闇公很早就起床了，他对妻子赵宗楷说："今天召开市民大会，我要早点去主持。"刚下楼，杨淮清就来劝阻儿子不要赴会。这几天来出现的种种迹象，使老人对杨闇公的安全十分担心。但是，杨闇公还是说服了父亲。正待出门时，接到在刘湘军部当参谋长的一位亲戚派人送来的信，信中说："大会将有事故发生，恐对你不利，若能不去赴会，军座定有好音。"

杨闇公听了嗤之以鼻地说："哼！真是可笑，我杨闇公岂是恫吓得倒的吗？还是叫他们听我们的好音吧！"

说罢便慈爱地搂抱着不满一岁半的女儿赤化，亲昵地说："爸爸死了，你可要给我报

◁ "三·三一惨案"纪念地

仇啊！"接着又深情地吻了睡在摇篮中刚满月的小儿子共产，喃喃地说："儿啊！你还在蒙眬地睡着，可爸爸走了啊！还能再见吗？"出门时，杨闇公转向结婚两年的妻子说："我走后，你赶快去妇联集合，如消息不好，即作准备。"他还叮嘱弟妹们都要去开会。然后，他和家人挥一挥手，毫不犹豫地走了。

杨闇公置生死于度外，率领地委和省党部主要负责人，毅然如期赴会，指挥一切。

杨闇公赶到会场后，中共重庆地委和国民党左派省党部的负责人及各界知名人士冉钧、李筱亭、程秉渊（程子健）和漆树等均陆续来了。任煜在主席台上准备做记录。1927年3月31日上午，山城各界群众数万人，从四面八方列队汇入打枪坝广场。各界群众队伍正举着队旗，敲着锣鼓，高呼革命口号，歌声嘹亮地涌入会场。这一天，虽然满天阴霾，革命群众却热情高涨。沿途虽然军警林立，赴会群众却无所畏惧。工人纠察队和童子军在认真地维持秩序，会场警戒很严密。杨闇公在主席台上密切注视着会场动静，并嘱咐纠警队提高警惕。这时，军阀刘湘已按照他们的既定计划，命令王陵基的部队包围会场，堵住了各个出口通道。而蓝文彬和巴县团阀曹燮阳、申文英的反动兵士和团丁，则扮做工人模样，暗藏凶器，混入群众队伍。当黄慕颜告诉杨闇公沿途所见情况和场内发现形迹可疑分子时，杨闇公非常镇静，要大家沉着应付，并增调童子军参加维持会场秩序的工作。

▽ "三·三一惨案"志略碑文

当大会即将开始时，会场周围突然响了一串鞭炮，接着场内外枪声四起，混在群众中间的暴徒，大开杀戒，他们抡起铁条，见人就打；抽出砍刀，见人就杀。顿时，会场秩序大乱。杨闇公大义凛然地站在主席台上指挥大家不要惊慌，就地卧倒。混乱中，匪徒们开始向主席台上的大会主持人冲击。正在台前制止反动分子暴行的《新蜀报》主笔漆树首先被打倒拖出会场，惨死于两路口的荒冢之中。主席台上的其他负责人只得随着四散奔逃的人群，由会场一角跳下高高的城墙。许多跳墙群众在城外又遭敌人伏兵袭击，有的被打死，有的被打伤，跳墙时摔死跌伤的也不少。

　　至下午2时，当场打死一百三十七人，伤一千余人。川军高级将领、国民党左派省党部监察委员陈达三当场被打死。大会总主席团主席、著名经济学家、国民党左派、市党部执委漆南薰被绑至两路口刀劈而亡。与此同时，国民党左派省党部、国民党左派市党部、市总工会、新四川日报社、中法学校、中山中学、巴县中学、巴县国民师范等左派阵地也被反动武装捣毁，可谓死伤惨重！

杨闇公随着群众跳墙，敌人紧紧追赶，他机智地避入通元门外一户贫苦居民家中，藏身于一老式大床下，双手抓住床杠，两脚蹬在床沿上，身子凭力紧贴床底，敌人虽用刺刀乱捅床下，终未发现，得到这家居民的保护，才脱离危险，平安到达江北。这就是反革命野心家蒋介石指使四川反动军阀制造的惨绝人寰的重庆"三·三一惨案"。

→ 正气之歌

（29岁）

　　在江北住了一夜，他惦念同志们与亲人的安全，关心党的工作，担心暗藏在家中的那份组织名单被敌人搜走。4月1日清晨，杨闇公毅然从江北回到城里，联络同志，布置工作。一回到家，他首先直奔藏放机密文件的地方，取出组织名单，放在身边，随即设法联络同志，布置善后工作。

　　晚上，杨闇公在赵宗楷长兄赵松森家召开了党团负责人钟梦侠、任煜（任白戈）、刘成辉等同志的秘密会议，研究处理善后事宜，并决定到武汉去向党中央汇报请

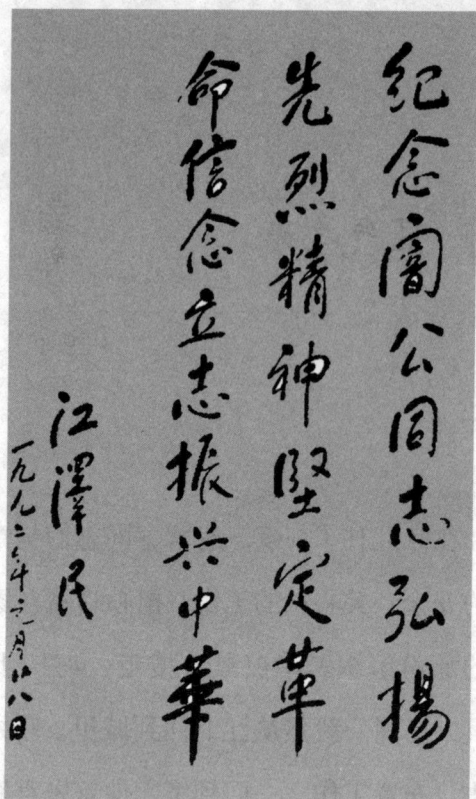

纪念阎公同志弘扬先烈精神坚定革命信念立志振兴中华

江泽民

一九九二年六月六日

◁ 江泽民为杨闇公题字

示工作。这时反动派仍在四处搜查革命同志，亲友都劝他暂避一下，杨闇公声泪俱下地说："敌人如此残酷，群众死得这么惨，革命一刻也不能停顿，我岂能还顾个人的安危啊！"说完迅速收起党的机密文件，决定当即去武汉向党中央报告情况，请示方略，并参加党的"五大"。

4月2日，杨闇公与黄慕颜及六妹杨毅君搭上去武汉的"和平"号轮船。由于发现便衣特务跟踪，当夜又返回家中。次日，他化装偕妻子赵宗楷及一位党员登上"亚东"号轮船。由于叛徒杜秉愚告密，4月凌晨，"亚东"号轮行至江心，突然被一大片快艇和木船包围。杨闇公知道这是要被特务抓住了，他临危不惧，神色自若，迅速将身边隐藏的秘密文件吞咽下肚。特务以检查为名逮捕他时问道："你是不是杨闇公？"他说："我是，你们又怎么样？"那人说："杨先生我们劝劝你，不要再干你的共产党了，跟着我们才有命。"杨闇公听了如受奇耻大辱，愤慨地答道："你们国民党反动派和反动军阀是什么东西！你们是一伙凶恶的强盗，无耻的卖国贼，屠杀工农的刽子手。你们眼看就要无立锥之地了。"当特务要将赵宗楷和另一位同行的同志一齐逮捕时，杨闇公机智地掩护了那位同志。他故意问道："我是共产党员，他们要逮捕我，先生为什么也要被逮捕呢？"特务们以为那位同

志不是共产党员，就把他放了。特务们将杨
闇公、赵宗楷带上了囤船，杨闇公向周围群众
义正词严地揭露了反动派制造三·三一惨案
的罪行，他大声疾呼："大家团结起来，打倒
列强! 反对蒋介石独裁! 铲除军阀!" 当特务
强行将杨闇公、赵宗楷分别带走时，杨闇公
沉着地对妻子说："宗楷! 你不要害怕，也不
要难过，转告同志们，我会斗争到底。孩子
大了，要他们为我报仇! 你要好好抚养他们。"
接着又说："敌人眼看就要无立锥之地了，共
产主义事业一定会在全中国胜利的。"囤船上
群众越聚越多，他们不顾特务阻拦，聆听杨
闇公慷慨激昂的话语，目睹了这悲壮的一幕。

　　两天以后，赵宗楷经党组织和杨淮清多
方营救获释。杨闇公仍被关押在蓝文彬的监
狱里受尽折磨。在狱中敌人对他软硬兼施，
封官许愿，遭他拒绝。审讯时，敌人用乱棍
猛击杨闇公的双腿，强迫他下跪，他宁死不
屈膝。蒋介石派来的特务问道："难道你不怕
死吗?" 杨闇公愤怒地说："只有你们才怕死，

你们也必然要死无葬身之地。你们只能砍下我的头，可绝不能丝毫动摇我的信仰。我的头可断，志不可夺。"敌人的一切阴谋诡计都未能得逞。

1927 年 4 月 6 日深夜，浮图关上乌云密布。一队士兵押着一位遍体鳞伤的青年，沿着逶迤的山路爬上了一个山岩边。佛图关是古重庆城西制高点，陆路咽喉要隘，成渝古道必经之处。很早以来，浮图关便是一座独立的城堡，有迎庆、泰安、顺风、大城关门四道，关墙南北濒临两江滨，以悬崖为屏障，高大坚固，易守难攻，自古有"四塞之险，甲于天下"之说。三国时期，江州都护李严派人在关下凿山引水，欲将长江、嘉陵江连通，使城为洲，以水为壑，巩固城防。诸葛亮看后认为浮图关地形足资御敌，叫停了凿山工程。进入热兵器时代，浮图关日渐式微，终成荒郊，被土著军阀当做杀人刑场。

临刑前，杨闇公大义凛然，高呼"打倒帝国主义！""打倒军阀！"为了阻止杨闇公继续呼喊革命口号，匪徒首先割去他的舌头，可他仍用鼻子哼斥，用眼睛怒视，用手指比画，他的手指像一把尖刀直戳敌人的心脏。这位英勇不屈的共产主义战士全身都迸发出熊熊的烈焰。暴徒们害怕了，恐慌中兽性发作，他们丧心病狂地挖掉了杨闇公的双眼，砍断了他的双手，面对具有钢铁般意志的血肉之躯，敌人战栗了，最后刽子手向他射出了三发罪恶的子弹……英勇不屈的共产主义战士，中国人民的忠诚儿子——杨闇公壮烈牺牲了。

英雄的死是惨烈而悲壮的，杨闇公以他年仅 29 岁的青春年华，将他的生命演绎得辉煌而华丽，将他的死谱写成了一曲壮丽的"马掌铁精神"的颂歌。

→ 永别后的日子

★★★★★

　　赵宗楷同杨闇公一起被敌人囚禁了两天，经党组织和杨闇公的父亲多方营救，赵宗楷获释。刚刚得到获释的赵宗楷刚到家不久就听到了丈夫杨闇公被残忍杀害的消息。赵宗楷只觉天塌了下来，整日以泪洗面，想到与杨闇公相爱的日日夜夜，失去了挚爱的赵宗楷甚至有了轻生的念头，恨不得马上去找那些刽子手与之同归于尽，报仇雪恨。

　　这时，襁褓中的婴儿忽然啼哭了起来，赵宗楷颤抖地抱过孩子，想起了杨闇公临走的嘱托，她要坚强起来，把孩子抚养成人，继承他的遗志！

三·三一惨案后，白色恐怖笼罩山城，反动派扬言要查抄杨闇公的家产充公，二府衙街住处受到便衣特务的监视。赵宗楷在民船工人的帮助下，在浮图关悬岩下的麦土内找到了杨闇公的遗体，赵宗楷看着杨闇公被折磨的惨状，几乎快要崩溃，但坚强的她强忍着悲痛，含着眼泪，收殓了杨闇公烈士的遗体，并暂时殡放在重庆江北的一个旧庙之中。由于面临敌人的迫害，重庆已无法再住下去了，她细心妥善地收拾好杨闇公生前的三本革命日记和衣物、文件等遗物，带着一双儿女，怀着悲愤的心情，离开了重庆，回到了杨闇公的故乡——潼南县双江镇，在那里一直生活到1949年11月潼南解放。

潼南也不是世外桃源，赵宗楷的家也曾被反动派抄查过，在白色恐怖中，深知丈夫品行的她冒着生命危险，经过千难万险，将三本杨闇公日记藏在阁楼墙洞中，外面用砖堵上。1985年，在修复杨闇公故居时，在老屋的房梁下面发现烈士的亲笔日记，共三册。为了深入研究杨闇公的生平事迹，保护烈士的遗物，杨闇公的子女杨绍中、杨赤花将这三册日记送交重庆市博物馆收藏。这部日记是杨闇公烈士1924年至1926年间革命生涯的纪实，是丰富的党史、

△ 杨闇公烈士陵园

地方史和烈士传记的资料，是研究四川地区和重庆地区革命斗争史的珍贵历史文献，也为我们留下了一段历史的真实记录。1979年由四川人民出版社出版了《杨闇公日记》，任白戈作序，邓小平题写了书名。

在那白色恐怖的二十多年中，赵宗楷避居在双江，过着艰辛的生活，抚育杨闇公烈士的一双儿女。同时，也接待和保护了一些受反动派追查，来双江避难的革命同志。如曾任大革命时期四川党团地委妇委书记的程志筠、程仲苍两位同志，就在赵宗楷家住过一段时间。1928年党的四川临时省委还在双江赵宗楷的家里召开过一次会议。

抗日战争时期，由于日本飞机轰炸重庆，赵宗楷为保存杨闇公烈士遗骨，于1938年去重庆将杨闇公烈士的遗骨运回双江，入土安葬。杨闇公烈士墓，解放后即作为四川省人民政府的重点文物保护单位。1987年4月，杨闇公烈士牺牲60周年纪念日时，潼南于城郊建立了杨闇公烈士陵园，朱德同志题写了墓碑铭刻，邓小平同志题词："杨闇公烈士永垂不朽！"

解放后，赵宗楷同志受到党和人民政府的尊重和关怀，先后由中共中央西南局和四川省委安排工作。1960年赵宗楷当选为第三届四川省政协委员。她晚年虽已疾病缠身，年老体衰，两次中风，但由于她亲眼见到了新社会，目睹了她始终难忘的革命伴侣杨闇公烈士为之献身的事业之兴旺发达，心情十分高兴，工作非常积极。

文化大革命中，由于杨闇公烈士的胞弟杨尚昆被诬为"反党"，赵宗楷也因此而遭受株连。1971年3月在林彪、江青反革命集团的迫害中含愤逝世于成都。赵宗楷的骨灰初葬于成都竹望山公墓。党的十一届三中全会后，1979年中共潼南县委将她的骨灰运回潼南，现已安放在杨闇公烈士陵园内的一侧。

⊕ 怀念四哥

★★★★★

杨尚昆对四哥杨闇公的怀念之情，可谓情深意切，那种失去至亲之人的心痛，令他多年无法释怀。1979 年 2 月，为纪念重庆三·三一惨案和杨闇公壮烈牺牲 52 周年，时任中共广东省委第二书记的杨尚昆在广州写了《我早年的革命引路人——忆闇公四哥》一文。他写道：

五十多年来，无论是在革命处于低潮的艰难时刻，还是处在敌人追逼包围的危急之中，特别是在被林彪、"四人帮"一伙诬陷迫害的十多年里，只要一想到闇公四哥及无数革命先烈"头可断，志不可夺"的英雄事迹，我就增强了无产阶级必胜、共产主义必胜的信心。和林彪"四人帮"一伙作斗争同样需要不怕死、不怕杀头，我是决心同他们斗争到底的，如四哥所说："人生如马掌铁，磨灭方休！"

杨尚昆正是始终以杨闇公的这句名言作

△ 杨闇公烈士陵墓

为自己的座右铭，无私无畏地为中国人民的解放事业和社会主义建设事业而奋斗的。

1979 年 11 月，四川人民出版社出版了邓小平亲笔题写书名的《杨闇公日记》。杨尚昆捧读刚刚出版的《杨闇公日记》，百感交集，"泪为之下"。

1987 年 4 月 1 日，杨尚昆代表中共中央和国务院参加重庆三·三一惨案 60 周年纪念活动及"杨闇公烈士陵园"揭幕典礼，回到了他阔别 62 年的故乡潼南。此后，他又两次回故乡为杨闇公扫墓。

后 记

精神永照历史

　　杨闇公烈士牺牲后的82年，历史的尘埃不知掩埋过多少往事，但人们从来没有忘记这位为国捐躯的血性男儿，活着的人们每年都以各种方式祭奠他、怀念他，毛泽东、邓小平、江泽民三代领导人都对杨闇公的"马掌铁精神"铭记于心。

　　1927年初，时任中共中央农民运动委员会书记的毛泽东在湖南开展如火如荼的农民运动，酝酿秋收起义的时候，中共四川地下省委书记杨闇公正好在四川组织开展反帝、反军阀、反封建的革命斗争，策划泸顺起义。

　　毛泽东与杨闇公曾共同出席过在广州召开的国民党"二大"，虽然各自忙于工作，不曾有过交谈，但杨闇公对毛泽东在会上的发言十分赞赏，日记中写下了"此君讲话切合中国的实际"

以表示认同。杨闇公壮烈牺牲，毛泽东极为怀念，在中央苏区第一次见到杨尚昆时，毛泽东特意问他是否认识杨闇公，得知杨闇公和杨尚昆的关系后，毛泽东向杨尚昆详细了解了杨闇公的革命事迹，对杨闇公刚烈的性格很是赞赏，对杨闇公烈士及他的革命一家由衷地敬佩。

1957 年 3 月 31 日，中共四川省委在潼南县双江镇为杨闇公烈士建立墓碑，朱德委员长为此亲笔题写了碑文："永垂不朽——一九二七年重庆三月三十一日惨案牺牲烈士、中国共产党四川地方委员会书记杨闇公同志之墓"。

1978 年 3 月 28 日，为纪念四川共产主义先驱者、中共四川党团组织的主要领导人杨闇公牺牲 60 周年，邓小平又为重庆浮图关杨闇公烈士塑像题写了"杨闇公烈士永垂不朽"的碑名。同时，再为潼南的杨闇公烈士陵园题名。